近代中國教育史料叢刊

劉真 主編

胡元倓先生傳

黃中 編著

中華書局印行

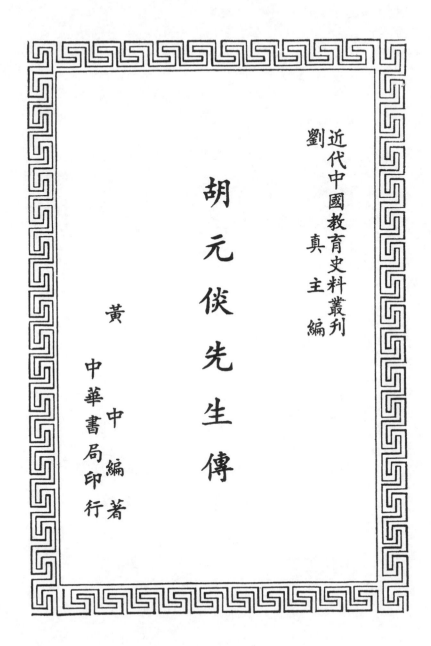

主編者序

民國五十二年三月，我初到政大教書時，劉校長季洪先生偶爾和我談及，政大附近教育部所建檔案室內，存有很多足供研究參考的教育史料，似可商請教育部給予政大教育研究所同仁查閱的便利；或在不影響文書保密的原則下，允許抄錄所需資料，作一有系統的整理。季洪先生的此一提示，引起研究所同仁很大的興趣。於是便商得教育部的同意，開始進行抄錄整理的工作。

我們從教育部的舊檔中，可以看到很多自清末實施新教育以來的重要資料。政大教育研究所同仁以這些第一手的資料爲主，並參閱其他有關文獻，已將清末以來的教育行政、初等教育、中等教育、高等教育、社會教育、邊疆教育、留學教育及華僑教育等，分類輯爲「近代中國教育史料叢刊」。一俟再加審閱校訂後，即可陸續付梓，以供各方參考。

教育事業的成敗，人的因素關係甚大。因此，我們除整理上述資料外；同時，還着手爲幾位生前具有卓越貢獻的教育先進撰寫傳記。玆當全國積極推進教育革新與文化復興運動之際，特將這些教育先進的傳記先行出版。我們相信：這些先進所樹立的教育家的偉大風範，對目前和將來從事教育工作的人，一定會發生見賢思齊的鼓舞作用。

劉　眞

中華民國六十年四月
於國立政治大學教育研究所

自序

三年前，國立政治大學教育研究所主任劉白如先生，以目前教育史料缺乏，擬就教育制度及教育家傳記，由近及遠，作系統的編輯。

在教育家傳記方面，當時擬定先寫五位近代的教育家。其中胡元倓先生是湖南人，因為我也是湖南人，所以白如先生要我寫胡元倓先生傳。對于胡先生的事蹟，我知道得很少，而此時此地，要找有關胡先生的資料，又極不容易，本來不敢應命；但一想到胡先生辦理明德學校，終身不渝，生死以之，其間甚至有機會作教育總長，都不願離明德而去，此種獻身一校，專心辦學的精神，洵足為教育工作者楷模，其人其事，宜傳後世。連雅堂所謂「然及今為之，尚非甚難，若再經十年二十年而後修之，則眞有難為者。」乃勉為之。

關于胡先生的資料，最重要的是「湖南私立明德學校校史」，其次是吳相湘先生寫的「磨血老人胡子靖先生」，此外則是散見于報紙雜誌的斷片記載。湘綺樓日記及蘇報等也有關于胡先生及明德學校的記載，不過那只是鳳毛麟角。

在撰稿期間，曾拜訪明德在臺校友及任教明德之前輩長者，多承指示及提供資料，其中余先礪、曾省齋、曾約農、吳相湘諸先生，所惠尤多，謹此致謝。

胡先生年譜，只是嘗試，因其求學階段的事蹟，現無可靠資料，乃實之以當時教育大事，多取材于丁致聘編的「中國近七十年來教育記事」。第二章「明德學校開辦時我國教育鳥瞰」，則是根據王師鳳喈「中國教育史」寫的，不敢掠美，併此申明。

現在，胡元倓先生傳初稿雖勉強完成，但一以資料不足，一以文筆拙劣，未能表達出胡先生之事業與精神，敬祈海內外方家不吝教正，以便將來修改。

黃　中

中華民國六十年三月二十九日

于國立編譯館

胡元倓先生傳目次

明德學校創辦人校長胡元倓

已過曾求闕逝世之年心安理得
願述王陽明良知之學繼往開來 元倓自挽

國民政府民國二十九年十二月十日褒揚胡校長元倓令

國民參政會參政員胡元倓，早歲遊學東瀛，即曾參加革命。返國後在湘省創立明德學校，宣揚主義，不遺餘力，迄今四十餘年，辛勤教導，終始弗懈，樂育英賢，彌昭功績。抗戰軍興，入參樞政，方冀國有老成，長資翊贊，遽聞溘逝，軫悼殊深。應予明令褒揚，以彰耆碩。此令。

明德學校創辦人總理龍湛霖

明德學校創辦人董事長譚延闓

明德學校董事長張繼

明德學校董事長陳果夫

蔣總統民國二十一年蒞校參觀時題匾

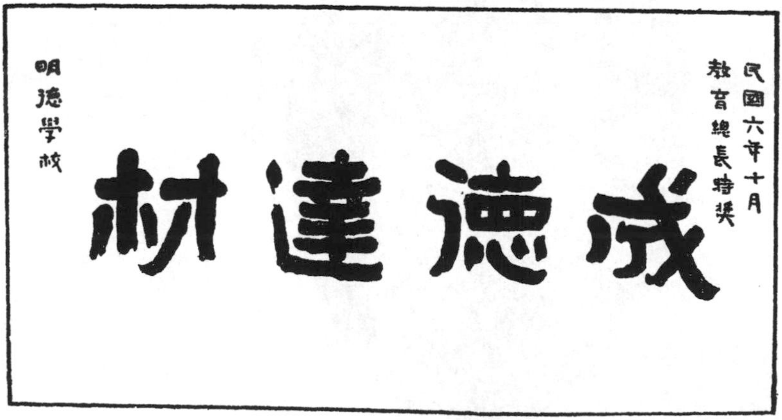

教育總長特奬

胡元倓先生傳

黃中編著

第一章　家世與學養

胡先生名元倓，字子靖，號耐庵，湖南湘潭人，清同治十一年八月初七日（一八七二年九月九日），生于書香家庭。他的祖父湘（筠帆）曾任廣東南海知縣（南海縣即清末倡變法維新運動之康有爲的家鄉），他的父親同壽（同生），和他的伯父錫燕（薊門），都跟著住在南海，所以有機會跟隨廣東的著名學者陳澧讀書。他們讀的書，主要的是詩經和資治通鑑，都有心得，曾經有所著述，這對于胡家年輕的一代，在志趣方面，有很大的鼓勵作用。

胡先生的長兄叫元儀，對于詩經和荀子有研究，他著的書，都由經學家王先謙，採入其主編的「皇清經解續編」、及「荀子集解」中。六兄叫元玉，跟隨長兄讀書，又是湘綺老人王闓運的女壻，請教方便，造詣更深。所著有關春秋的研究，也經王先謙採入「皇清經解續編」。

胡先生在他的兄弟中排行第九，可說是最幸運的一位，因爲他能充分的享受家學成就，一方面有父親和兄長的教導，一方面又有親戚王闓運的啓示。從「湘綺樓日記」看，胡先生是時常向王請教的。胡先生在學術研究方面，對姚江學派最感興趣，他服膺王守仁（陽明）的學說，以「存誠」爲立身治事的根本，晚年且自號為「樂誠老人」。

自康有為、梁啓超倡導的維新運動失敗後，有血性的青年，都受到很大的刺激。辛丑和約既訂，清廷也不得不廢科舉，興學校，派青年學生出國遊學。胡先生本早已考取秀才，並選為丁酉科拔貢，因鑒于甲午、庚子國恥之深，乃毅然棄舉子業。光緒二十八年（一九〇二）三月，湖南選派公費遊日學生十人，胡先生即其中之一，其餘為陳夙荒（潤霖）、顏習蕃（昌嶢）、李鑑丞（致楨）、仇菱生（毅）、劉杜丞（佐楫）、俞秩華（誥慶）、俞經貽（蕃同）等。他在沿江東下時，順道至江蘇泰興，拜訪他富有新思想的表兄龍知縣硯仙（龍硯仙名璋，湖南攸縣人，一八五四－一九一八）。龍選派的學生丁文江等二人，也與胡先生一同東渡。

到達東京後，依范源濂的安排，入宏文學院習速成師範。半年的學習和參觀，胡先生了解日本明治維新成功的主因，在于教育的普及；而福澤諭吉創辦慶應義塾，儲才建國一事，尤其給予胡先生非常深刻的印象，因此矢志以教育救國，培養人才，復興民族為己任。所以次年回國後，與其表兄硯仙、萸溪（紱瑞）兄弟商量，獲得龍璋的叔父刑部侍郎龍湛霖的贊助，即在長沙創立明德學校。以後胡先生的一生，即與明德學校同休戚。

第二章　明德學校開辦時我國教育鳥瞰

明德學校創辦于淸光緖二十九年（一九〇三），當時新敎育雖已醞釀幾十年，但仍在萌芽時期。公立的學堂，因迫于情勢的需要，雖已成立了幾所，而私立的敎育場所，仍停滯在書院、私塾的階段。當時在湖南，固然還沒有私立學堂，就是在全國，也沒有幾所至今尙存的私立學校已經成立。以後與明德齊名的南開學校，創立于光緖三十年（一九〇四），比明德晚一年，所以明德學堂的創立，在近代敎育史上，是一件很重要的事。

光緖二十九年，照我國傳統的干支紀年，是癸卯，其前一年是壬寅，所以光緖二十八年頒布的欽定學堂章程，一般人稱爲壬寅學制，而光緖二十九年頒布的奏定學堂章程，則稱爲癸卯學制。壬寅、癸卯學制是同治元年（一八六二）設立同文館，開始辦理新敎育以來的結晶，雖因抄襲日本，年限太長，不盡適用，但爲我國首次正式頒布的新敎育規章，其地位仍是十分重要的。

欽定學堂章程因頒布以後，未及實行，卽予廢止，且其就學年限及課程內容，與奏定學堂章程，大同小異，故略而不談。

奏定學堂章程係張百熙、張之洞、榮慶所奏定，將整個敎育分爲三段七級：初等敎育段分爲蒙養院、初等小學及高等小學三級；中等敎育段只有中學堂一級；高等敎育段分高等學堂或大學預備科，分科大學及通儒院三級。除蒙養院半屬家庭教育外，兒童自七歲入小學，至三十二歲通儒院畢業，合計二十五年，在分科大學畢業爲二十年或二十一年，這是直系學校的大概。若就橫的關係言，與初小同級者有藝徒學堂，與高小同級者有初等實業學堂、實業補習學堂，與中學同級者有中等實業學堂、初級師範學堂，與高等學堂及分科大學同級者有高等實業學堂、實業教員養成所、優級師範學堂、譯學館等。

蒙養院相當現在的幼稚園，入院年齡以三歲至七歲爲度，每日授課不得超過四點鐘，以附設于育嬰堂及敬節堂爲原則。在蒙養院未普設以前，家庭教育最爲重要。所謂「蒙養家教合一」，家庭教育之責任，全在女子；此時中國既無女學，章程只規定其教科書爲孝經、四書、列女傳、女訓、女誡及教女遺規等。

初等小學堂以「啓其人生應有之知識，立其明倫愛國家之根基，並調護兒童身體，令其發育」爲宗旨。定七歲入學，五年畢業，內分兩科：一爲完全科，一爲簡易科。完全科課程有八：卽修身、讀經、中國文學、算術、歷史、地理、格致、體操；此外視地方情形，酌加圖畫，手工。簡易科課程有五：一爲修身讀經，二爲中國文學，三爲史地格致，四爲算術，五爲體操。音樂一門則以讀古詩歌謠代之。讀經：規定孝經、四書、禮記節本爲完全必讀之書。

高等小學「以培養國民之善性，擴充國民之知識，壯健國民之氣體」爲宗旨。學生以在初等小學畢業者爲合格，初辦時可酌予變通。修業期限定爲四年。學科凡九：修身、讀經、中國文學、算術、歷史、地理、格致、圖畫、體操，此外得視地方情形，加授手工、商業、農業等科。修身及讀經教材爲：四書、詩經、易經及儀禮的喪服經傳。仍以古詩歌代替音樂。

中學堂之宗旨在「施較深之普通教育，俾畢業後不仕者從事于各項實業，進取者升入高等專門學堂，均有根柢。」定五年畢業，其學科凡十二：即修身、讀經、中國文學、外國語、歷史、地理、算學、博物、物理及化學、法制及理財、圖畫、體操。音樂以古詩歌替代。

高等學堂以「教大學預備科」爲宗旨。每日功課六點鐘，三年畢業。學科分三類：第一類預備升入經學，政法、文學及商科等大學；第二類預備升入格致、工科、農科等大學；第三類預備升入醫科大學。三類均以人倫道德、經學大意、中國文學、外國語、體操爲公共必修科。第一類加習歷史、地理、辨學、法學、理財學；第二類加習算術、物理、化學、地質、鑛物、圖畫；第三類加習拉丁、算術、物理、化學、動物、植物。到了第三年，另外設有選科及隨意科，凡三類學生皆可選習。

大學部以「謹遵諭旨，端正趨向，造就通材」爲宗旨，內分立八科：設在京師者須八科全備，設在外省者不必全備，但至少須有三科。各科修業年限，除政治科及醫科中的醫學門各組四年外，均爲三年。八科名目如下：一爲經學科，分十一門：即周易學，尙書學、毛詩學、春秋左傳學、春秋三傳學、周禮學、儀禮學、禮記學、論語學、孟子學及理學，由學生各自選習一門。二爲政治科，分政治、法律二門。三爲文學科，共分九門：即中國史學、萬國史學、中外地理學、中國文學、英國文學、法國文學、俄國文學、德國文學、日本文學。四爲醫科，分醫學、藥學二門。五爲格致科，分六門：即算學、星學、物理學、化學、動植物學、地質學。六爲農科，分爲四門：即農學、農藝化學、林學、獸醫學。七爲工科，分九門：即土木工學、機器工學、造船學、兵器學、電氣工學、建築學、應用化學、火藥學、採鑛冶金學。八爲商科，分三門：即銀行及保險學、貿易及販運學，關稅學。以上各科大學，每門課程又分三類：主課、輔助課、及隨意科。學生選定某科後，尚須選定某門爲主課。

通儒院爲最高學府，須有分科大學之畢業資格或相等學力者，方能升入肄業。此院不單獨設立，即設在京師大學之內，宗旨與大學相同。學生入院，只在齋舍研究，隨時向教員請業問難，沒有講堂功課。規定研究年限爲五年，其畢業程度以「能發明新理，著有成績，能製造新器，足資利用」爲標準，蓋相當于現在之研究院。

以上均爲直系之學校，茲再述旁系之師範學校及實業學校等。

師範學堂分爲三種：㈠爲優級師範，㈡爲初級師範，㈢爲實業教員講習所。

甲、優級師範以造就初級師範及中學堂之教職員爲宗旨。學科分爲三：即公共科、分類科及加習科。公共科所以補充中學課程，爲本科之預備，在第一年修畢。分類科分爲四類：第一類以中國文學、外國語爲主；第二類以歷史、地理爲主；第三類以算學、物理、化學爲主；第四類以動植鑛學及生理爲主。分類科限三年修畢。加習科爲教育學科及與教育有關之學科，限一年修畢，共計五年畢業。

乙、初級師範以造就高等小學堂教員爲宗旨，科目爲修身、讀經、中國文學、教育學、歷史、地理、算學、博物、物理、化學、習字、圖畫、體操。于正科外附設簡易科，定一年畢業。兩級師範學校，都于教育學科內增入教學管理實習，並規定優級師範附設中學及小學，初級師範附設小學，以爲實習場所。

丙、實業教員講習所，以造就各實業學堂、實業補習學堂、及藝徒學堂的教員爲宗旨。分農、工、商三類：農業及商業教員講習所二年畢業；工業教員講習所又分完全科與簡易科，完全科分金工、木工、染織、窰業、應用化學、工業圖様等六科，均三年畢業，簡易科分金工、木工、染色、機織、陶器、漆工等六科，均一年畢業。

實業學堂分農業、工業、商業及商船三種，而以水產學堂附設于農業，藝徒學堂附設于工業。各種實業學堂均分爲三級：即高級、中級、初級。此外實業補習學堂及藝徒學堂，都可附設于中學及小學之內。茲將農工商三種學堂分述于後：

甲、關于農業者：高等農業學堂，預科一年，本科三年；本科分農學、森林、獸醫三科，如在墾荒地方可設土木工科。中等農業學堂，預科二年，本科三年；本科分農業、蠶業、林業、獸醫、水產五科。初級農業學堂，三年畢業，課程分普通科實習科兩類：普通科課程爲修身、國文、算術、格致、體操等五門；實習科爲農業、蠶業、林業、獸醫等四門。

乙、關于工業者：高等工業學堂，預科一年，本科三年；本科課程分十三科：即應用化學、染色、機織、建築、窰業、機器、電器、電氣化學、土木、鑛業、造船、漆工、圖稿繪畫等。中等工業學堂，預科二年，本科三年；本科課程分爲十科：即土木科、金工、造船、電氣、木工、礦業、染織、窰業、漆工、圖稿繪畫。工業，有藝徒學堂而無初等學堂。藝徒學堂，除普通科目外，不限定何種工業科目，須斟酌地方情形，選擇適宜課程，加以教授。

丙、關于商業者：高等商業學堂，預科一年，本科三年，本科課程不分科。高等商船學校，不設預科，只設本科，本科分航海及機輪二科，前者五年半畢業，後者五年畢業。

明德開辦時招收的中學班，四年畢業，其後增設的小學部，商業科、商業預科等，其年限及課程，大致都是遵照奏定學堂章程辦理的。

奏定學堂章程，除了直系的大、中、小學堂之外，就是旁系的師範學堂和實業學堂。我國一向尊師重道，教師的社會地位極高，所謂「天地君親師」，「作之君，作之師。」新教育辦理之始，輒苦無適當之教師，所以不但有造就小學教師之初級師範學堂，造就初級師範及中學堂教師之優級師範學堂，還有造就各實業學堂、實業補習學堂及藝徒學堂教師的實業教員講習所。明德在開辦不久，即開設速成師範班，後且設茶陵、攸縣分班，就是適應此種事實需要而設置的。以後我國師範教育獨成體系，均由公家設立，政府不惜耗費大量金錢，來培植各級學校需要的教師，其基本精神，即由此奠定。

實業學堂就是現在的職業學校，包括農業、工業、商業、水產等，在今日固極發達，而在新教育伊始，即已次第興辦，如同治五年（一八六六），左宗棠即開辦福建船政學堂。次年，江南製造局，又附設上海機器學堂。其後到光緒五年（一八七九），設立電報學堂，光緒八年（一八八二），上海也設立電報學堂。光緒十八年（一八九二），湖北鑛務局附設鑛業學堂及工程學堂。此外，光緒十五年（一八八九），廣東水陸師學堂內添設鑛學、化學、電學、植物學等學堂，光緒二十一年（一八九五），南京陸軍學堂附設鐵路專門學校；光緒二十二年，江西紳士蔡金臺，且于高安創設蠶桑學堂。

大家都知道，我國新教育之發軔，是在鴉片戰爭失敗以後，因感于外交上缺乏外國語文人才，軍事上缺之現代軍事指揮將領，及軍器陳舊，無法對付外人之堅船利砲。所以初期的新教育，除了上述實業學堂，有福建船政學堂、上海機器學堂等，學習製造船艦、鎗砲等現代武器外，早在同治元年（一八六二），即在北京設立京師同文館，始設英文，繼設法文、俄文，以後又增設德文、日文，造就翻譯人才，以便與英法等國辦理交涉。此類外國語文學校，以後擴充于各大都市，同治二年，設立上海廣方言館，選送近郡年在十四歲以下之俊秀兒童，課程除外國語文外，兼課經史小學。同治三年，設立廣州同文館，目的在培養八旗子弟翻譯人才。光緒十九年（一八九三），湖北自強學堂設立于武昌，原分方言、算學、格致、商務四科，後因教學困難，或歸併，或停辦，只存方言一科，故又稱方言學堂。

明德學校開辦後第四年（一九〇六），增設日語專修科，後又增設英語專修科，這都是受初期新教育注重外國語文的影響。至于以後各級學校外國語文的問題，譬如高初級中學每週外國語文教學時數究宜多少？是都教學英語呢？還是應分別教學英、法、德語等呢？師範（專科）學校應否教學外國語文呢？職業學校應否教學外國語文呢？這都發生過很多的爭辯，且迄今未獲得妥善的解決。

新教育之另一重點，就是軍事教育，光緒六年（一八八〇），李鴻章奏設水師學堂于天津，分管輪及駕駛兩門，惟注重駕駛方面。光緒十一年（一八八五），李鴻章又奏設武備學堂于天津，延請德人教以天文、地輿等學，砲台、營壘構築諸法。光緒十三年（一八八七），張之洞奏就廣州博物館舊址，改辦廣東水陸師學堂各一所，水師學英文，分管輪、駕駛兩項；陸師學德文，分馬步、鎗砲、營造三項。光緒二十一年（一八九五），李鴻章又奏設湖北武備學堂，學科有軍械學、算學、測繪、地圖學、各國戰史、營壘、橋道製造之法，及營陣攻守轉運之要；術科有槍隊、砲隊、馬隊、營壘、工程隊、行軍砲台、行軍鐵路、行軍電線、演試測量、演習體操等。除上述科目外，令于暇日讀四書、歷史、兵略等，以「固中學之根據，端畢生之趨向。」學生則選擇文武舉貢生員及文監生，文武候補候選員弁，以及官紳世家子弟，文理明通，身體強健者。軍事教育，至此時始粗具規模。

軍事教育之是否注重，關係于國家之盛衰，我國自宋朝以後，重文輕武，國力衰微，迭受邊疆民族侵陵，至滿清末造，復受歐美列強壓迫，幾至邦國危亡，民命斷絕。同光之際，變法維新，力圖振作，惟以積習過深，終于無法挽救。民國肇造，重訂教育宗旨，特標榜「軍國民教育」，惟自袁世凱篡國後，軍閥割據，教育命脈，不絕如縷。十七年北伐完成，全國統一，軍事教育具體實施，二十年起，高中以上學校普遍實施軍事訓練，明德學校，辦理最有成績。二十七年，胡先生受命爲國民參政員，於第二次大會時，提議「改進高中以上學校軍事訓練案」，當蒙採納，使學校軍訓，更臻完善。

一國之大計，不外軍事、經濟與教育。孔子說：「足食，足兵，民信之矣。」今總統　蔣公于民國二十八年在第三次教育會議時曾說：「現代國家的生命力，由教育、經濟、武力三個要素所構成，教育是一切事業的基本，亦可說教育是經濟與武力相聯繫的總樞紐，所以必須以發達經濟、增強武力爲我們教育的方針。」新教育開辦之初，能注意到實業教育與軍事教育，方向自是十分正確，只可惜限于人力財力，規模不大，且未能普遍展開，故于「富國強兵」之目的，未能達成。

普通教育可以京師大學爲代表。京師大學于光緒二十四年戊戌（一八九八），由軍機大臣、總理衙門奏請設立。草擬章程者爲梁啓超，主辦大學者爲孫家鼐。章程共分八章，五十二條，關于辦學綱要、課程、入學、學成出身、聘用教習、經費等等，均有詳細規定。要點如下：第一、京師大學不但爲施行學校教育之機關，同時亦爲全國之最高教育行政機關，「各省學堂皆爲大學堂統轄。」第二、明定大學、中學、小學三級制。第三、明定「中學爲體、西學爲用、中西並用，觀其會通」之教育原則。第四、明定普通科與專門科之別。第五、注重圖書儀器設備。由此可知，京師大學章程實爲我國最早的新學制綱要，它是奏定學堂章程的先驅。且戊戌政變後，慈禧太后將新政新學推翻，而京師大學以萌芽早，得以不廢，且以後一直爲各大學之楷模，亦可謂一大幸事。

在京師大學開辦之前，已有天津中西學堂，上海南洋公學，湖南時務學堂等。

天津中西學堂，于光緒二十一年（一八九五），由盛宣懷奏請設立，爲我國首創之新式普通學校。分爲頭二兩等，頭等相當現在的專門學校，四年畢業，課程分普通、專門兩種。普通課程：除漢文外，第一年授幾何、三角、格物、繪圖、史鑑、英文；第二年：駕駛並量地法，重學、微分學、格物、化學、繪圖、英文；第三年：天文、工程初學、化學、花草學、繪圖、英文；第四年：金石學、地學、禽獸學、萬國公法、理財、英文。專門課程分爲五門，即工程學、電學、鑛物學、機器學、律例學。學生修完第一年課程後，或將四年所定課程全行學習，或專習一門，均由總教習察看學生資質酌定。如學專門者，則二三四年之原定課程，應酌量變更。二等學堂相當現在的中學，招收十三歲至十五歲的學童，定爲四年畢業，以後之英文爲主要功課。漢文：講讀四書經史之學，聖諭廣訓，並課以策論；英文：拼字、誦讀、文法、繙譯。此外授數學、歷史、地理、格物等。

南洋公學創于光緒二十三年，也是由盛宣懷奏請設立的。內分四院：一是師範院，相當于現在的師範學校；二是外院，相當于現在的附屬小學；三是中院，相當于現在的中學；四是上院，相當于現在的高等專門學校。這個學校，以師範院培養教學人才，以外院爲中院之預備，以中院爲上院之預備，正猶今之由小學而中學，由中學而大學。中院相當二等學堂，上院相當頭等學堂，都是四年畢業；外院則選十歲左右的聰穎兒童，令師範生分班教之。它已具備整個學制的雛型，故較中西學堂更爲進步。

湖南時務學堂創于光緒二十三年，由熊希齡主辦，梁啓超主講，立有詳細章程，課程分普通、專門兩科。普通之學，人人必習，條目有四：經學、諸子學、公理學、中外史志及格算諸學之粗淺者。專門之學，每人各習一門，條目有三：公法學、掌故學，及格致、算學。入學之初六個月，都習普通學；六個月後，才習專門學。文學除習漢文外，兼習各國語言文字。入學三四年後，中學既明，西文熟習，便可咨送京師大學或外國大學，或委派公職。入學年齡限十四歲至二十歲。

湖南時務學堂，後因戊戌政變停辦；天津中西學堂，因義和團之變停辦；南洋公學後改爲南洋大學，它們的歷史都很短，不過對後世的影響仍是很大的。如時務學堂主講梁啓超，教習譚嗣同，都是戊戌維新變法的要角，當其主辦時務學堂時，啓發學生之民主自由思想，對以後的革命運動，有非常大的貢獻：高材生蔡鍔（松坡），後反對袁世凱稱帝，雲南起義，護國卒告成功；范源濂數度任教育總長，對近代教育多所建樹。

明德學校創辦時，各省府州縣，雖亦有設立新式學堂者，但爲數甚少，一般人要讀書，仍只有到書院及私塾去。胡先生自幼也是在父兄指導下，受私塾教育。

書院創始于唐代，至宋朝而大盛，宋朝學術思想發達，一方面固由于造紙及印刷術進步，書籍的流傳方便，而主要的原因則由于書院發達，講學風氣很盛。明清兩代，雖仍維持書院制度，但多徒具形式，很少能發明學術，造就人才。

私塾相當于現在的私立小學，不過規模小些。普通是由某一家房屋寬敞，要入學的孩童多的，邀集附近的學童加入，共同請一位粗通文墨，讀過四書五經的人作教師，如果教師（通常稱呼爲「先生」）的家屋寬敞，而附近的學童又多，自然也可設在「先生」的家裏，這跟現在流行的「家庭教師」差不多。

私塾裏所用的教材，歷代略有不同，大概是三字經、百家姓、千字文、幼學（有珠璣、瓊林兩種）、四書、五經、綱鑑等。上課的時間，有的半日（多爲上午），有的全日；農家子弟，要幫忙農事，且只求能識姓名記帳目的，多半只讀半天，家境富裕，且想參加科舉考試的，則讀全天。此種私塾，不但在清末仍盛行，就是到民國初年，沒有興辦新式學校的地方，還是靠它來實施普通教育。

筆者生于民國七年，住在農村，七歲入學，曾受過三年半私塾教育。讀過三字經、百家姓、論語、孟子、大學、中庸、幼學、鑑略、詩經等書。不過讀的都只是白文，未曾講解，教讀的方法，是每天讀「生書」若干，看各人的資質而定，少則幾句，多則幾十句，或一章一篇不等。在「點生書」之前，要背溫書，即每天上館時，先溫習舊課，然後當先生背誦，這叫「背溫書」；讀過的書多時，不全部背誦，每部分篇章輪背，譬如論語共二十篇，分上論、下論，一部十篇，每天背誦一篇，有時也可由先生抽背。溫書背過以後，就點生書，因爲所讀的是新書，由先生用朱筆每句加圈，這樣一方面是斷句，以便誦讀，一方面表示已經讀過了。先生朱圈後，帶讀若干遍，然後自己反復誦讀，至純熟能背誦，即當先生背誦一次，這叫「背生書」。通過以後，就「寫字」，寫字可以臨帖，也可以就書本選寫或自由寫；剛「開蒙」時，由先生用朱筆寫滿一二三四五等字，用墨筆塡一次，這叫「描紅」，以後由先生題頭，寫「上大人、孔乙己……」等簡單的字。字寫好以後，就交給先生看，先生把寫得較好的字，用朱筆加上圓圈或三角形（叫做「瓜子」，表示寫得最好的）。然後把它反摺起來，先生再在上面用朱筆寫幾個生字，都認對以後，就算是功課完畢，稍事活動，就可放學了。

這種不講解只讀白文的叫做「蒙館」，大都是半日制，如進一步，則誦解經義，學作文章，作詩對，先生的程度自然也要高一級，譬如「秀才」之類，這叫做「精館」，有點類似「精舍」、書院，只是規模較小而已。筆者讀過三年半「蒙館」後，地方已開始興辦學校，所以就轉到學校去讀書了。

過去讀書的目的，一般人在識姓名、記帳目，家境富裕或想大展鴻圖的人，則準備參加科學考試，以求「揚名聲，顯父母」。

科舉制度，創始于隋，至唐宋而大備。科目本有進士、秀才、明經、明法、書學、算學諸科，宋以後則以進士爲主。考試內容，唐代有口試、帖經、墨義、策問、詩賦等，以後則以經義、策論、辭賦爲常。大抵分鄉試、會試、殿試三級，三年舉行一次。文舉之外，尙有武舉。

科舉制度，以才學取人，不論貧富貴賤，均可參加，使田野秀士，都能參與政府機構，所謂「朝爲田舍郎，暮登天子堂」，使政府人士能新陳代謝，並形成士人政府，是其優點。然至明淸以八股文及試帖詩爲主要考試內容後，規律過嚴，範圍太狹，以致讀書人廢經史大義不顧，經年累月，從事于文字遊戲，弊害百出，梁任公曾痛陳之。故變法維新，首先爲廢科舉，興學校。戊戌政變後，迷戀舊骸，復行科舉，且京師大學，亦設進士館，而學校出身者，亦復賜以進士、舉人頭銜，如宣統元年十二月，賞給遊學專門詹天佑，嚴復各員進士舉人。淸社既屋，科舉制度，始與君主專制之政治制度以俱亡。

新教育的動機，爲應付列強的堅船利砲，及如何與外國人辦交涉，而其具體目的，則在培養實業人才、軍事人才，及翻譯人才。這些人才的養成，起先是在國內設立同文館，武備學堂等，聘請外國人作教習，在國內培養，後以成效不著，且其他有關之科目甚多，非自童年學習不可，因有曾國藩、李鴻章奏派幼童赴美肄業之議。

恰好在胡先生誕生那一年（同治十一年、一八七二），開始派第一批幼童梁敦彥、詹天佑等三十人赴美。以後連續四年，每年均選派三十人，共計一百二十人，是爲派遣學生赴外國留學之始。

其後因日本明治維新，國勢漸強，學術進步，且近在東鄰，往返方便，而又文字相近，學習容易，乃改派學生赴日留學。其間也曾派學生赴歐洲英、法、德等國留學，不過爲數不多。

光緒二十二年（一八九六），出使日本大臣嘉佑，首次帶唐鍔等十三人，赴日留學。後二年，日本使臣矢野文雄函請我國派學生赴日留學，總理衙門覆奏派東文館學生數人，並咨南北洋大臣及兩廣、湖廣、閩浙各督撫，就學生中遴選派往，並奏以出使大臣照料選派之學生，因而掀起留日熱潮。

此後派往日本之留學生年有增加，而自費前往留學者亦不少，到光緒三十二年（一九〇六），留日學生總數共達一萬二三千人之多。先一年，明德學校因辦理成績優良，湖南巡撫端方，一面增加每月津貼千金，一面資送中學甲班全體學生赴日留學，以資獎勵。同年，中國同盟會在日本東京成立，當時參加的留學生，內地十八省，除了甘肅以外，各省都有，由此可知留日風氣之盛，學生人數之多。

當時留日學生這樣多，所學的又多是速成班，如速成師範、速成法政等，多則三年，少則半年，即可畢業，胡元倓、黃克強先生都是學速成師範的。所以學部乃通電各省停派赴日速成學生，因此赴日留學之熱潮，始漸衰退。

庚子（一九〇〇）八國聯軍之役，清廷大敗，訂辛丑和約，賠償各國軍費及其他損失四億五千萬兩。因此款甚鉅，乃分期償付。光緒三十四年（一九〇八），美國會通過以一部分之賠款退還我國，次年（宣統元年），即以此款爲派遣留美學生費用，招考第一次留美學生唐悅良、梅貽琦等四十七人。此後，美國繼續退還庚子賠款，除以之作爲留學生費用外，並辦理留美預備學校，定名爲「清華學校」，後來發展爲國立清華大學，同時，意、英、法、俄等國也先後退還部分庚子賠款，均作爲留學及其他教育文化事業經費。

總之，留學教育在我國近代教育史上，是重要的一環，胡先生誕生時，正逢我國派遣幼童赴美肄業之始，是留學教育發軔時期。明德學校創辦時，又當留日熱潮澎湃之際，是留學教育鼎盛時期。以後留學政策時張時弛，而今胡先生誕生百年之期，復值留美熱浪餘威未衰，眞可算是一種巧合了。

第三章　明德學校的創辦與發展

明德學校創立於清光緒二十九年（一九〇三），開學日是三月二十九（夏曆三月初一），這一天極富歷史意義：因爲明德學校之創設，在全國私立學校中算是最早的（比天津南開學校早一年），自然是湖南私立學校的先驅；並且八年後的黃花岡之役，也發生在這一天，而黃花岡之役的領導人黃興，也是明德學校創辦時的重要人物之一。

明德學校，是胡先生一生心血的結晶，且至今已有近七十年的歷史，舉凡人事的安排，經費的籌措，學制課程的編製等，都是研究近代教育史的重要資料，可作爲辦學者的參考。惟此時此地，可靠的資料極少，不能作很詳細的報告，現在姑就所知，分項叙述於後：

第一節　人　事

一切事業，都是人創造出來的，而且「衆擎易舉，獨力難成」；胡先生深悉此中奧祕，所以對于人才的爭取，人事關係的運用，無不費盡心機，發揮最大的作用。

明德開辦之初，得力于龍侍郎叔姪的贊助，稍後，又得譚翰林延闓的資助，因以奠立基礎。原來胡先生于赴日留學途中，會至江蘇泰興，拜訪其表兄龍知縣硯仙，即談及回國後創辦學校的事，所以次年回國，再與硯仙及其叔父刑部侍郎湛霖商量，乃得其欣然同意，共同創辦明德學校。胡先生本是書香世家，又得在鄉侍郎之贊助，故能聲勢浩大，一切進行順利。開學未及一月，「蘇報」即刊載「湘潭胡子靖孝廉，自東歸與龍侍郎之子萸溪，創設明德學堂。教員得人，規模亦甚整齊，其主義在養成軍國民之資格，現已開辦，將來必有成效可觀。」（見四月二十一日「學界風潮」欄）。學校成立後，以龍侍郎為總理（相當現在的董事長），胡自任監督（即校長），而以龍侍郎子紱瑞萸溪副之。

至于譚延闓（組菴）先生，本以會元望重一時，不免重科舉而輕學校，但自明德創辦之年的七月間，蒞校參觀後，他的觀念改變了。胡先生請他主辦這一新創學校，欣然允諾，當即捐款一千元，並允按年補助英文教員薪金。且于次年龍侍郎去世後，即繼任總理職務。

對於湖南當政人物，胡先生自然都請他們贊助。胡先生赴日留學時，湖南巡撫是俞廉三，回國時仍是他，當然對于明德的創辦，加以贊助。其後趙爾巽繼任湖南巡撫，以明德為湘中正紳所創辦，故多方予以維護；及端方為湖南巡撫，更銳志興學，見明德成績卓著，因豁免其原來貸款四千元，並每月增加津貼一千元，且資送中學甲班全體學生留學日本，這對胡氏精神上的鼓勵，和經濟上的幫助，自然都是很大的。其他湖南之在政治、教育界的重要人物，如熊希齡、范源濂等，亦多給以精神與物質的援助。趙爾巽及端方，離開湖南後，仍予明德以協助。

教師是學校的靈魂，胡先生為明德聘請優良教師，不惜長途跋涉，甚至含垢忍辱，屈膝以求。明德開辦時，曾聘請周震鱗、張繼、王正廷、蘇玄瑛（曼殊）、陸鴻逵等名流為教師。當時外文及理化、博物等教師最爲缺乏，所以胡氏親赴杭州聘華龍回湘教英文，又自日本聘請理化教員掘井覺太郎，博物教員永江正直，並購置儀器回來。當時日語教師李儻未到，恰好陳介自日本回湘省親，胡先生邀他相助，陳答允至暑假爲止，不料暑假後，李仍未到，陳急須赴日本完成學業，堅不允再留，胡先生情急，竟于衆人座前向陳長跪，非允不起，陳終被感動，允繼續任教一年，這一事實，以後在湖南教育界，傳爲佳話。

胡先生在上海聘請教員時，遇到黃軫（興），約他回長沙，主辦速成師範，並教授體育。黃氏受聘明德，志在利用學校作掩護，以進行革命活動，故會興起軒然大波。吳相湘在「磨血老人胡子靖先生」一文中（見傳記文學第五卷第二期），對于此事有詳實的描述，特節錄之，以見胡先生任事之勇與待人之誠。

> 緣黃興受聘執教明德，卽志在利用學校作掩護以進行祕密活動：與張繼、周震麟等經常商討進行外，李書城、吳祿貞等亦嘗自鄂來明德小住，與黃興密謀。課餘之暇，黃更常至理化實驗室試製炸藥，又刊行陳天華撰著猛回頭諸書。行跡雖力求祕密，一九〇四年夏，終爲長沙知府所偵悉。黃幸居明德內院未被逮捕，而華興會計畫于是年十一月起義，時間日迫，黃更積極活動。反對明德之巨紳乃致書湘撫告密，指黃及周震麟、胡先生三人爲革命黨魁，要求迅速拿辦。胡先生聞訊，急與譚延闓等商由龍湛霖致書湘撫力稱黃興之賢，胡先生又于龍宅約湖南學務處總辦張鶴齡與黃相見，談論極洽，張乃赴撫署報告黃確係一純粹讀書人，事又稍緩。十一月九日，胡先生與黃同至陳介與日本教員寓所商改授課時間，語未終，校工來報：「協臺（相當今之警察局長）率隊數十人來校欲見黃先生」，黃默然，旋自後門出，胡先生亦隨出，同避往鄰近龍湛霖宅。旋張鶴齡派人呼胡先生去，言得黃興從事革命

活動實據，發兵拿人，並言頗受湘撫責備，胡先生因從容謂張曰：「諸事我均與聞，君如須升官，我的血卽可染紅你的頂子（淸一品官制服），拿我就是！」胡的態度如是，但出乎意外的是張竟以手擊桌曰：「這狗官誰願做！此刻看如何保護他們！」于是胡乃急回龍宅，與龍紱瑞盡一夕之力將一切證據焚燬。而張則已嚴令部屬，無證據不許拿人。黃乃得乘間由龍宅遷避入黃吉亭牧師之聖公會。胡旋又向張鶴齡借用三百銀元，黃興、張繼乃得乘日本日淸公司輪船離長沙，明德學校亦幸未受影響。當學校危急時，胡先生與龍侍郎、譚翰林商決，別立經正學堂于西園，由龍紱瑞主持，以防萬一明德被封，學校仍可繼續辦理。

明德開辦之初，多借重地方紳耆及當政顯要，其後，則校友之助力不少，如陳果夫、曾約農、彭國鈞、謝祖堯、劉永濟、周安漢、吳相湘等，或爲校董，或任校務，直接間接，輔翼明德之發展。現在旅臺校友，有健全之組織，定期聚會，在教育界者，亦不乏人，均能承胡氏志業，努力教育工作，將來大陸光復，對明德學校之整理改進，自當有一番作爲。

第二節　經　費

錢財爲庶政之母，辦理私立學校，最困難的就是經費的籌措。

明德開辦之初，賴龍侍郎捐助二千元，以租長沙城北左文襄祠爲校舍。越三月，茶陵譚翰林延闓來校參觀，慨捐千金爲學校經費，並年助英文教員薪金千元。所以明德的創立，除胡氏外，龍家與譚家，實有同樣重要的貢獻。

在經費方面，另一有重大貢獻的人，就是當時任上海道的湘潭袁樹勛（海觀），袁氏曾捐款一萬元，不過這筆錢得來不易，因爲胡先生像跪請教員陳介一樣，也是屈膝得來的。

胡先生爲明德捐款，含垢忍辱，冒風雪，犯寒暑，跋涉險阻，自在意中，而向袁海觀之屈膝求助，實爲人所難能。又多次向熊秉三（希齡）捐款，遇熊外出，或門房不爲通報時，即携被臥待，胡先生行九，所以有「胡九丐化」之稱。陳瑟濤在胡子靖先生家傳中說：「是歲（按指光緒三十三年）經費奇窘，幾不能度歲，先生乃請于端督，欲于裕寧錢局借兩萬金，端督作書令赴滬兌取，而總辦孫某竟不肯發！風雪橫江，孤危一室，時已臘盡，先生大窘欲死！黃澤生、譚組庵主校事，慮先生有不測，亟電慰之；校中同人，又自動捐薪節省，困乃少蘇。其詣熊總理也，三詣未及見，先生乃襆被闇室以待之。」由此可見其爲籌措明德經費之奔走辛勞的一斑。

私人捐助之外，政府也多有補助，明德開辦之初，湘巡撫趙爾巽來校視察，大爲嘉許，允月給百金爲補助費。兩年後，端方繼任巡撫，端氏雖爲滿人，然銳意興學，見明德成績丕著，因豁免貸款四千元，並月增津貼千金，由湘省銅元餘利開支。至光緒三十二年，湘撫奉部令，又月增津貼三百金，且撥泰安里官地二千餘方，爲本校的校址。

民國二年，在北京創設明德大學，賃乾麪胡同爲校舍。是時長沙本校學生也大爲增加，校舍不敷，乃以校產向實業銀行抵借銀洋五萬元，並向湖南省銀行貸款兩萬元，收購毗連房屋地產千餘方，建築磚房二十餘間，爲中學宿舍，又于原經正學校餘地建築磚房四大棟，爲初小宿舍，校址擴充至五千餘方，規模日大。

民國十年，大學部經費困難，幸得服務中國、交通、金城、大德四銀行諸校友之力，補助常年經費八千元，又哈爾濱戊通航空公司補助兩千元，稍資挹注。

十一年，胡先生奉教育部派，往南洋調查各埠華僑教育情形，並爲明德募捐，備受華僑歡迎，如黃伯經、仲涵兄弟，檳榔嶼領事戴芷汀、叔原兄弟，及曾上苑等，尤竭誠相助，慨捐禮堂建築費貳萬壹千元。又得譚董事長延闓捐助三千五百元，得紓急用。

十二年三月二十九日，適明德成立二十周年，在長沙舉行慶祝大會。胡氏向湘岸淮商捐募壹萬伍仟元爲中學部建築費，湖南省財政廳又撥給湖南省銀行漢口查家墩地皮爲大學部校址。

十三年以後，湘政府每月津貼大學部壹仟元。十五年，中華教育基金委員會開會于北京，津貼明德學校壹萬元(南開中學也津貼壹萬元)。十七年，大學院月助二千元。十八年，政府撥中俄庚款十五萬元，爲建築校舍之用。二十二年，湖南省政府給獎金八千元。

這些公款的撥助，有一些固然由于當事人之重視教育，或校友之因母校經費困難而捐助者，但大部分則爲明德學校成績優良，政府撥給的獎助金，其中如中華教育基金會之壹萬元，二十二年湖南省政府之獎金八千元等，更是顯而易見的。

胡先生爲籌措明德學校的經費，眞是備極辛勞。自民國十五年以後，專辦中學，校舍設備，已有基礎，政府之補助日多，而校友之捐助亦不少，經費始稍寬裕。二十七年初，胡先生受聘為臨時國民參政員，常川駐渝，校事由副校長、祕書代理，本可順利發展，不幸是年十一月十二日晚上，湖南省政府主席張治中，聞日寇將至長沙，張皇失措，遽命縱火，實行所謂焦土政策，全城屋宇，頓成瓦礫，明德校舍，自亦不免。此後，因日寇肆虐，明德數度播遷，首遷湘鄉霞嶺，繼遷衡山曉南港，後遷安化藍田，假國立師範學院故址，繼續開學。民國三十四年，日寇投降，三十五年，始復員長沙。先是，胡先生已於二十九年十一月二十四日，不幸病逝于重慶，遺命從子胡邁，繼任校長。

第三節　學制與課程

明德創立于光緒二十九年，當時的學制是：蒙學堂四年，尋常小學三年，高等小學三年，中學四年，高等學堂（大學預科）三年，大學三年。是為「欽定學堂章程」，頒布于前一年壬寅，至本年癸卯十一月，復頒布「奏定學堂章程」代替。明德于創辦時，招中學兩班，隨卽又招速成師範一班，第二年附設高等小學，以後又設中學補習科，中學預科，東語、英文、理化、銀行、銀行保險、法政等專修科，商業且分本科、預科，並在南京、上海等地設立分校。民國二年，又創立明德大學于北京，民五因抗議袁世凱變更國體而停辦，後遷漢口復校，至民國十五年以後，始專辦中學。

明德的增科設校，完全是應事實的需要，其所以開辦時招中學班，民十五年以後專辦中學者，是因為胡先生創辦明德學校的目的，在培養中等社會的人才，他曾對黃克強先生說：「養成中等社會，實立國之本圖。」明德學校雖辦過速成師範、小學、專科、大學，但自始至終，以中學爲主，所以通常都稱「明德中學」。

明德應事實需要而增設之班科，首先是速成師範班，因中學班招生，投考學生不多，必須發展小學，而當時小學師資缺乏，所以明德開辦時，招中學兩班，學生一共只有八十人，于三月二十九日開學；秋七月卽招速成師範一班，共有一一八人，超過中學兩班人數之和，於翌年四月畢業。其後，並在茶陵、攸縣兩地開辦速成師範班，因茶陵是譚翰林延闓的家鄉，攸縣是龍侍郎湛霖的家鄉，而譚、龍都是明德學校的創辦人。此種速成師範班之修業年限，或半年，或一年不等，開設之課程，惜已無從查考。

設師範班的目的，是在造就小學師資，所以在創校後第二年，卽附設高等小學，四年後又增設初等小學，黨國元勛陳果夫，及現在臺之著名學者曾約農先生等，均爲明德小學的畢業生。此外，並設有中學補習科及中學預科，附于高小部受課，大概是爲年齡較長，欲升中學，而又未修完小學課業者所設置。

至于增設語文及商業等專修科，其目的是針對社會需要，並解決學生出路問題，與增設師範、小學、中學預科之在開闢學生來路者，實異其趣。

語文專修科，開辦於光緒三十二年正月，首先是東語，也就是日語，以後再設英文專科。原來我國開始辦理新教育時，就是爲著學習外國語文，最早的是同治元年（一八六二）開辦的「京師同文館」，因爲自鴉片戰爭失敗後，我國受列強壓迫，深感外交棘手，遂于咸豐十一年（一八六一）設總理各國事務衙門，但外交人才缺乏，所以卽于次年開設京師同文館，以造就翻譯人才，始設英文，繼設法文，俄文等。胡先生是留學日本的，而當時的留日風氣正盛，明德開辦的第三年（一九〇五），湖南巡撫端方，見明德成績優異，曾資送甲班全體學生留學日本，乙丙兩班學生，亦多自費東渡，因此首先開設日語專修科，以應學生及社會的需要。至于英文的重要，則早在十九世紀初英國稱霸海上時起，所以京師同文館首先設英文。而明德于設校之初，即注重外國語文課程，如前述的譚延闓每年捐助英文敎員薪金一千元，胡校長親赴杭州聘請華龍來校敎英文，又因日語敎師李儻從期，改請陳介，後胡先生且長跪挽留，由此可見明德重視外國語文的一斑。

當時新敎育的另一特點，是重視理化等的自然科學。明德于開辦東語專科之同時，復開辦理化專科，原來明德在開辦之初，即重視理化、博物敎員之聘請，及儀器標本之購置，所以創校之次年三月，即有自日本聘請之理化、博物敎員二人及儀器等到校，因此以後明德對于自然科學的敎學，一直非常注意。

明德始辦高等商業科，本爲學生出路計，時在光緒三十四年冬。後應時勢需要，並得端方及趙爾巽之助，復在南京創辦銀行專科，且與大清銀行約定，畢業生全部至該行服務。並改私立爲官立，定名爲官立南京高等商業學堂，這是我國官立學校特設商業專科的嚆矢，也是胡先生認識西洋「商戰」力量強大，積極爲中國部署應戰之實際行動的第一步。以後復在上海、漢口設立分校，長沙本校也招收銀行專科學生，並增設銀行保險科等。

明德除中學、小學、專科之外，民國二年，並在北京創設明德大學。一年以後，敎育部視學報告：北京私立四大學中，明德辦理最優，「專門部商科，不用講義，由敎授口授，學生筆記，均能純熟，尤爲特色。」特令褒獎。四年春，教育部舉辦全國專門學校成績展覽會，審查結果，明德大學得七七・八分，實居全國私立大學第一。民國五年，袁世凱稱帝，胡先生以與黃興等革命黨有密切關係，不願在專制空氣下生活，因而停辦明德大學，以示抗議。民國八年，明德大學遷至漢口復校，仍以商科爲主，其畢業生服務成績優異，甚得各方好評。翌年，胡先生赴南洋一帶募捐大學基金，華僑之捐助者甚爲踴躍。民國十二年三月，明德成立二十周年，湖南省議會決將湖南省銀行所有漢口查家墩地皮，約值銀洋二十餘萬元者，撥作明德大學校址。惟因時局擾攘，維持不易，且胡校長志在中學，故終于十五年八月停辦。

明德先于民國九年停辦小學，復于十五年停辦大學後，乃專門辦理中學。其課程除注重科學教育，語文教育，已如前述外；對于民族精神教育，就校名「明德」，顧名思義，即知其爲根據儒家思想，以大學中三綱領之明「明德」爲本，充分發展個人天賦，爲人羣社會服務，期能「止於至善」，亦即所謂「己立立人，己達達人」，由「盡己之性」，而至「盡人之性」，「盡物之性」。爲達成此一目的，所以校內各處，都懸有名人書寫的嘉言，俾便耳濡目染，以收環境教育之功。對于當時（民元前後）教育思潮中之「軍國民教育」，尤率先倡導實施，即在課程中，注重體育、童子軍、軍事訓練等。開辦之初，即邀黃克強先生教授體育，歷屆軍訓檢閱，均獲佳評，民國二十一年，蔣委員長蒞該校參觀，曾檢閱其軍訓及童子軍，且親書「止於至善」匾額一方，贈予明德。

第四章　對教育的貢獻

胡先生終身矢志于教育事業，以教育始，以教育終，故能有明德學校的成就。他對教育的貢献，可從樹立教育目的，建立學校制度，研究教學方法等方面，加以說明。

胡先生最服膺陽明學說，認爲「誠」是立身治事的根本，故以「堅苦眞誠」爲明德校訓。先由創辦人之一龍璋撰「堅苦眞誠四箴」，復由譚延闓、蔡元培、及胡先生跋後。茲並錄其箴文及序跋於後：

堅苦眞誠四箴　並序

龍璋

昔胡安定教授蘇湖，立經義治事二齋，務爲明體達用之學。出其門者，人雖不識，皆知其爲安定弟子也。於戲！其學風可謂盛矣。蓋一校之垂教，必有其特殊之主旨，久遂著爲學風，而後教有本原，足以育人才，供世用。學者亦當尙其志，修其業，勿徒爲弋名干祿之想，而後學有根柢，體用具備。至是，而教育之功效始有可紀也。明德學校始建於清之光緒二十九年，時外患迭乘，內憂潛伏，先叔侍郎芝生公總理其事，講師悉一時聞人，務開示以天下興亡匹夫有責之義，恒以堅苦眞誠與學子相淬礪。青年來學者，識其師說，多激昂奮發，致力於斯四者。其魁傑有爲，艱辛卓絕，足以自見者，亦既有其人矣。癸甲之際，湘中公私學校以百計，清政府特以廣勵學宮，灌輸新識爲名，又恐士風不戢，格其專恣，輒抑止之。各校有因以輟講者，明德亦岌岌焉。賴胡君子靖維持匡救之，不蒙影響。

胡君服膺陽明之學，知無不行。明德歷經困難，胡君備嘗艱苦，卒不渝其志，因揭四字於禮堂，使夫學者見而警焉。嘗謂璋曰：「斯校之創設，吾嘗與子共策艱苦，今十有四年矣。四方來學，先後畢業者數千人，偶有表見，人皆知為明德弟子，則亦以學風有所自來，能守侍郎公堅苦真誠之訓於不忘者也。願子為之文，以昭示來學。」璋不敢以不學辭，乃為之箴：

何以任重？曰毅與弘。志趣既一，守之堅貞，磨而不磷，攻而益瑩。莫剛如鋼，及經百鍊而繞指功成；莫韌如革，揉之鞄襲而鞏莫與京。莘莘學子，將為士程，勿脆其志，勿隳其行。惟明德之學風，永堅貞而不更。　堅箴

好逸惡勞，理因欲勝；志士苦心，操守宜定。假薪膽以淬神，去逸豫而若酖。毋曰棘口，而良藥可以已病；毋曰勞身，而拂亂可以忍性。莘莘學子，不敢樂耽，困心衡慮，大任克堪。惟明德之學風，庶因苦而回甘。　苦箴

道義所在，當識其真，是謂詮宰，實出篤純。彼夫作偽，勞拙紛紜；行堅言辯，至道日淪。惟力袪妄念，始受福以禎，勿假託以給己，勿矯飾以詭羣。莘莘學子，日進無垠；浩浩其氣，肫肫其仁。惟明德之學風，本真實以傳薪。　真箴

大學始基，先誠其意，亦曰誠身。中庸所云：擇善固執，中道一致。何以孚遠？信由誠暨；何以前知？明由誠至。其始也，慎退藏於獨居；其終也，參化育而焉倚。莘莘學子，篤行惇摯，體立誠正，功成平治。惟明德之學風，道一貫而無貳。　誠箴

堅苦眞誠四箴　跋後

譚延闓、蔡元培、胡元倓

龍硯仙先生依明德學校校訓，作堅苦眞誠四箴，手書以詒學子，未畢而奄逝。後十年，胡子靖先生始續書三紙足成之。龍先生所爲箴，說理精實，訓辭深厚，誠能身體而力行之，於下學上達之義，必有得矣。今學者恒好高務遠，而忽視老生之言，一旦逢小利害，輒恇弱不能自主，則何如反求諸己，以植其本根於平日乎？明德立學三十年，所成就至眾，謂非得力於校訓不可也。讀是箴者，其將憬然自力，而不徒求之文字矣乎！

中華民國十六年七月譚延闓記

惟堅苦故對事忠，惟眞誠故待人恕，違道不遠，藏諸己者睟然，而樹於世者卓然，任重投艱，於是乎在。明德學校以堅苦眞誠爲校訓，誠哉其知所本矣。立校三十年，非堅苦無是久也；一堂講誦，和藹融怡，非眞誠無是樂也。龍研仙先生依此四字著爲四箴，並手書以垂久遠。今觀宜勞黨國之同志，出於明德者甚眾，則此四字校訓，謂非陶鑄人才之實訓乎？

中華民國十七年三月十五日蔡元培

堅苦眞誠四箴，乃十三年前龍硯仙表兄作而書以詒明德學子者也。書未竟而卒，後十年予賡之，殿以譚、蔡兩公之跋，鐫示各生及任事諸子，期踐所訓，毋或渝初志也。昔歸自東瀛，硯兄官江南，予以興學走商，明德卽於是孕育，今忽忽垂三十年矣。幾經艱難困躓卒不墜，亦共矢此初志而已。則斯遺訓遺墨，尤宜與校並壽。爰鑑藏之，不敢忘也。

中華民國十九年三月一日胡元倓識

非「眞誠」無以盡己之性，非「堅苦」無以任重致遠，胡先生曾對黃克強先生說：「公倡革命，乃流血之舉，我爲此事，乃磨血之人。」故嘗署「磨血人」以自勵。 蔣總統常以「堅苦卓絶」訓示國人，並謂「居安宜操一心以慮患，處變當堅百忍以圖成」；凡學術事功有成就者，莫不眞誠淬礪，堅苦奮鬥，此「堅苦眞誠」之校訓，在樹立明德學子遠大的人生目的上，功效是非常宏大的。

爲輔助校訓「堅苦眞誠」，使學生於藏休息遊之際，隨時隨地能領受古今名人之教益，胡先生乃自撰或集古今人名句，請當代名家書寫，懸之校中，勉人且以自勉。其中如王闓運寫的「忍耐力，希望心」「雖九死吾猶未悔」；胡元常寫的「誠心實力，有錯無私」；胡漢民寫的「事本無私，欲公諸世；求同乎理，不異於人」；嚴修寫的「融異爲同，化小爲大，行之以漸，持之以恒」；吳敬恒寫的「樂取與人以爲善，因而不失其所亨」；譚延闓寫的「病裏方知勞是藥，老來惟有愛難忘」；都是胡先生自己體認有得，用以勉勵學生的。尤以胡漢民寫的「事本無私，欲公諸世；求同乎理，不異於人」，上聯是福澤諭吉的話，下聯是王陽明的話，由此可見胡先生受他們的影響之大，也可見胡先生對學生期望之殷。

教導學生，一方面固應端正其趨向，他方面尤應鍛鍊其體魄，以矯正文弱書生之弊。胡先生於明德開辦之初，邀請黃克強先生來校教體育，不能不說是特具見識。大家都知道，克強先生是實際領導革命行動的人，三、二九之役，且率先領導，幸免於難。他體格魁梧，膂力過人，在體育場中那種生龍活虎般的動作，英勇豪邁的氣概，會使學生嚮往不已。當時他既已實際從事革命活動，自亦希望學生中能有人繼之而起，所以明德學校的師生，對革命的助力，實際上是很大的。

明德注重體育，自始就養成了風氣，尤以足球見稱。記得民國二十六年，筆者在長沙念書時，好幾次的足球比賽，都在明德舉行，明德也屢次獲勝。當時長沙有個湘雅醫學院，是教會設立的，其中英國人很多，足球的實力很強，有一次和明德比賽，我們都去看了，結果是明德獲勝。據明德校史記載：「民國十八年，本校球隊遠征武漢，凱旋而歸。」「十九年三月，開第十屆全省運動會，本校參加球賽，得足球、排球、網球、棒球四項錦標，代表全省出席華中運動會，仍獲排球、棒球兩項錦標歸。」此類記載甚多，不一一列舉。

當時湖南的學校，對體育都很重視，因各校學生，都寄宿學校，所以淸晨都有早操，筆者所就讀的湖南省立第一師範，每日淸晨還有跑步的傳統習慣。其時校址在教育會坪，每早學生從操場出發，繞又一村，經中山路，由水風井回來，大約有兩三千公尺。由學校裏派人在距離最遠的頂角中山路口收名牌，有時校長且親自領導，所以誰也不能偷巧。由此可見當時湖南各學校對體育重視的一斑，而此種風氣，實由明德所倡導。

體育中有所謂國防體育，與軍事訓練密切關聯，所以實施軍訓後，明德的軍事訓練成績也很好。據明德校史記載：「民國二十年十一月一日，軍訓委員會令派吳芷村駐校爲軍訓主任。十二月三十一日，第一屆全省高中以上學校軍訓大檢閱在協操坪舉行，本校高中學生全體參加，獲得冠軍。」

原來自民國成立後，蔡元培先生任教育總長，採取當時流行的富國強兵思潮，納入教育宗旨，因有所謂「實利教育」，「軍國民教育」，即今日之「科學教育」、「軍事教育」。惟其後因袁世凱稱帝，軍閥割據，未能具體實行。民國十七年全國統一，國民政府成立，積極謀軍事教育之實施，至民國二十年「九一八事變」，日本軍閥陷我瀋陽，乃毅然決定高中以上學校實施軍訓，所以明德學校於十一月一日，即由軍訓委員會派駐專人主持。明德自開辦時黃克強先生任教以來，即已助胡校長養成一種尙武、愛國的校風，所以軍訓一實施，學生均欣然接受，因有年底舉行全省軍訓檢閱時，獲得冠軍的結果。

明德的軍訓成績優良，不但是湖南各中學的楷模，而二十一年冬天，蔣委員長至湖南主持某項重要會議，道經長沙，特于十一月七日親至該校參觀，檢閱軍訓及童子軍，並題贈「止於至善」匾額一方，予以鼓勵。

童子軍是軍事訓練的基礎，明德在實施軍訓之前，童子軍已有良好的表現。如民國十九年，該校童子軍第二小隊，曾代表湖南省赴南京參加全國童軍總檢閱。此後與軍訓配合，相得益彰，二十五年八月，該校學生謝燕生，並代表我國赴荷蘭參加全世界童軍大露營。謝生於翌年冬回國，各省回國童軍代表，竟有六人轉學明德，由此可見當時青年學生，是多麼地嚮往明德了。

綜上所述，在教育目的上，明德所實施的，是德智體羣四育並進的完整教育。德育方面：校名「明德」，是本「大學之道，在明明德、在親民、在止於至善」，鼓勵每一個學生作「大人」；校訓「堅苦眞誠」，淬礪學生，奮發精進，期能己立立人，自強強國；又於校中各處，懸掛古今名人嘉言，使學生耳濡目染，收「蓬生麻中，不扶自直」之效。智育方面：注重科學知識，對於理化博物等科，從國外聘請教員，購置儀器，悉心教學；語文等工具學科，亦極重視，外國文如英文教員，且予以特別津貼，使能安心教學；

實用知識也不忽略，如辦理師範班，商業專修科等。體育方面：除注重正規的體育課程之實施外，對於學生課外之球類等活動，尤加意指導；童子軍與軍訓，都是與體育有關的課程，在明德均極重視。至于羣育，素爲我國所缺，一般學校也未多予注意，而在明德，則因注重體育，童子軍等課程，課外的活動亦多，這些活動，都須要協調合作（Team work），所以無形中養成一種團結合作的精神；且學生全部住校，平時彼此接觸的機會多，如膳食等日常生活，已有相當的組織，五四運動以後，學生活動日多，漸有自治會的組織。九一八事變發生，明德師生異常憤慨，參加長沙市民遊行示威運動，並於十月組織提倡國貨會，排斥仇貨，頗著成效。所以當時省督學視察該校後，其報告有「教訓兩方，均有計畫，且努力進行，能令學生畏愛，其成績之佳，蓋有由也」等語。由此可知明德不僅注重學生課業，於其日常生活，團體活動，亦作有計畫的實施。

我國的新學制，自壬寅年（光緒二十八年，一九〇二）的欽定學堂章程開始，惟壬寅學制未及實施，又有癸卯年的奏定學堂章程。其實，壬寅學制爲蒙學堂四年，初等小學三年，高等小學三年，中學堂四年，高等學堂（大學預科）三年，大學堂三年，總計達二十年，年限太長，固不適用；而癸卯學制爲初等小學五年，高等小學四年，中學堂五年，高等學堂三年，大學堂三至四年，在學年限，且超過二十年，尤不適用。明德學校雖恰好創辦于此時，然其所依據者，則多爲六年前創辦于上海之南洋公學，南洋公學分爲四院：一、曰師範院，相當于師範學校，爲預備小學師資而設；二、曰外院，相當于附屬小學；三、曰中院，相當于中學；四、曰上院，相當于專門學校，中院上院均四年畢業。明德首招中學班，隨卽招速成師範班，第二年增設小學，四年後又增設專修科，其設班情形，大致與南洋公學相似。

壬寅癸卯學制，抄襲日本，因年限太長，分段太多，又無實際經驗爲背景，所以只是一種法規，未能完全實行。因而胡先生創辦明德時，只得憑自己之理想及其所學，參照南洋公學成規，就實際環境之需要，設置班級，再從實驗中建立學校制度。其理想在培養中等社會人材，故自始至終以辦理中學爲主，而師範、小學及專科，則爲應實際需要而設置者。

明德開辦時，照壬寅學制，招收的中學班，四年畢業，一直到民國十五年秋，始按新學制招三年制初中班，十八年秋招三年制高中班。原來壬寅學制，仿照日本，中學四年，民國成立，學校系統雖有修改，但中學仍爲四年制；到第一次世界大戰以後，受美國教育思潮影響，才仿照美國學制，于民國十一年頒布新學制，中學爲六年，分高初兩級，初級三年，高級三年，但依設科性質，可定爲初級四年，高級二年，或初級二年高級四年。明德初高中均爲三年，不過那時不像現在的迅速執行，所以到十五年才招收三年制初中班，十八年才招收三年制高中班。

明德對學制上的貢獻，還有一點值得稱述的，就是六年一貫制的實驗。中學分高初兩級，原爲適應部分學生不能讀完六年中學而設，如能讀完六年中學，不分高初，六年一貫，在手續上可免一次畢業、投考的麻煩，在教學上可免各科兩次循環，而一直教學下去，自然方便得多。國立師範學院附屬中學在藍田試辦六年一貫制，成績甚佳，明德亦曾試辦六年一貫制，較分初高兩級者，其成績優異甚多。此種六年一貫制中學，可惜沒有作成具體報告，以致未能推廣。

教學方法的研究改進，胡先生在開辦明德之初，就已注意到這一點。傳統的教學方法多是口頭講演，甚至不顧學生身心狀態，一味注入；胡先生心知其非，所以除在教學科目上，注重理化博物等自然科學外，同時注重觀察、實驗等科學方法之使用。觀察實驗，要有實物，或標本模型，即所謂教學設備，因此明德開辦之第二年，胡先生卽親至上海，購置一批理化儀器及博物標本，並且聘請日人理化教員掘井覺太郎、博物教員永江正直回來，隨卽開辦理化博物選科兩班，招生七十餘人，自此奠定了理化博物等教學設備的基礎，以後又自德國購置此類儀器標本，繼續充實教學設備。長沙較有名的中學，類皆教學設備優良，筆者就讀的湖南省立第一師範，當時生物實驗是兩人共用一架顯微鏡，有關設備均極充實，教者曹非先生，自編教本，學識經驗，俱極豐富，教學態度，又極認眞，所以讀完他的一年生物課程以後，對生物學都有相當的基礎。

語文科目，在過去，教學上用到的器材較少，現在的留聲機、錄音機、對講機等的新式設備，都是近幾年才有的。但是明德在外國語文教學方面，對於教師的聘請，是非常愼重的，如英文教員，其薪金每年由譚董事長延闓捐助一千元，胡校長且親赴滬杭去聘請名家擔任；前已言及。以後且開設英文、日文專科，以加強外國語文的教學。筆者雖未在明德念過書，不知其語文教學方法如何？但在國立師範學院肄業時，曾聽過原任明德教務主任胡少燵先生講授英文，少燵先生的英文教學法是：先將全文念一遍，次用中文述其大意，然後用英文及中文解釋生字難句，分析文法，最後再用英文講述全文大意一次，因此學生對課文的印象，既完整而又深刻，在過去，可說是最好的英文教學方法。

關于教學方法的研究改進，胡先生後在國民參政會上提過建議，即「實施中國新教學法」，該案之決議爲「李氏卡片教學法確有優點，應積極推行，一面增設實施班校，一面訓練師範生，並應設置卡片教育法，研究機關繼續進行研究，並編輯小學生讀物，以便利卡片教學法之推行」。

在教學設備方面，除儀器標本的充實外，圖書亦極重要。明德的圖書甚爲豐富，各種新書，均能及時購置，在民國十二年，即募得巨款，擬建圖書館，惜因九一政變，校費無著，移作他用，致定名爲「組庵館」的圖書館籌建計畫，未能及早實現，然圖書之繼續添置，並未因此受到影響。

第五章　軼聞軼事

胡先生自東渡日本，入宏文師範學院，即矢志從事教育，為國儲才，達教育救國之目的。惟其立志也堅，故其行事，有超乎常人之外者，玆略為敍述於後。

世人但知武訓乞錢興學，而不知胡子靖先生，為募捐明德學校經費，到處乞求，或屈膝，或臥待，致有「胡九丐化」之稱。在個人捐款中，以胡先生同鄉袁海觀樹勛所捐之壹萬元為最鉅，然此款非輕易得來者，因胡先生曾屈膝以求之。又湖南鳳凰熊希齡，與胡先生友善，後為內閣總理，胡先生至北京，常往捐款，熊或因事外出，胡則携被褥，臥於其閣室以待焉。致熊常語人曰：「胡九眞難應付，常來捐款，不給則坐臥不去，而請其作官，則又堅決不就。」胡先生聞之，曾答以詩曰：「心如老驥甘伏櫪，力盡關山未解圍。」胡先生為明德捐款事奔走，眞是不辭勞瘁，或出關外，或赴南洋，冒風雪，犯寒暑，遭人白眼，其艱難困苦，為常人所不能堪者，而胡先生莫不忍受之。

孟子曰：「所謂故國者，非謂有喬木之謂也，有世臣之謂之。」學校經費之籌措，固然不易，而校董教員之聘請，尤其困難。明德開辦之初，得龍侍郎叔姪之助，繼獲黃克強、譚組庵之力，又有張溥泉、王正廷、蘇玄瑛、周震麟、陸鴻逵等為之執教，因能樹立宏規，奠定良好基礎。外文和理化博物教員，當時最為缺乏，胡先生親至杭州聘華龍來校教英文，又自日本聘請二人來校教理化博物，而日語教師原聘定李儻，後李儻因事未到，改請自日本回湘省親的陳介，以半年爲期，半年後李儻仍未到，而陳介急欲赴日復學，堅留不允，胡先生情急，乃於衆人座前長跪，非允不起。其他優良教師之聘請，雖不必要長跪，但必須誠心誠意，再三敦請，多費口舌，則是常有的事。

胡先生的生命，寄託於明德學校，所以以校爲家，一生除擔任過幾個月的留日學生監督外，未嘗作過官。南京臨時政府成立時，黃克強先生原準備推荐胡先生出任教育總長，後以胡不願作官，決志回來主持明德學校，遂作罷論。民國十八年，湖南省政府聘請先生爲湖南大學校長，亦只擔任很短的時間。而學校有難，則輒以身護。民國十九年七月二十七日，共匪攻陷長沙，學生星散，時胡先生剛從南京回來，決心留長沙維護他一手創辦的學校，堅不肯接受離湘避難的建議。因居赤燄中十日，共軍曾數度向他騷擾，胡先生決心以身許校，生死不渝，終始居校園中，以致中外各報，多有載胡先生殉難消息者。

共匪退出長沙，胡先生至南京，與董事長譚延闓商討學校善後問題。不幸譚於九月二十二日患腦溢血逝世，這對胡先生是一空前打擊，因爲胡先生的死友中，其最不忘者，黃興之外，即爲譚延闓。胡譚二人，相交甚深，義不許假公濟私，故譚四督湘軍，胡未嘗請其利用職權，銷去明德所借公債。而譚歷年致書於胡，均推勉備至，所謂「近益感於國人之無教育，仍不能不望之我明德。」「我輩唯公有職業，不可不勉。」胡敬承其言，益勵前操，於刊行耐庵言志詩第三集時，其自序云：『良友徂逝，邊患日深，三十年前以教育救國之志，未得少酬，而國步迍邅，於茲爲極。往歲畏公棄國前數日來書，以「死不難不死難」六字相勉，及今追念，殊切人亡國瘁之痛。而保種圖存，後死者責益艱鉅，不知藐躬熱血，尙堪更磨十年否也？然身苟幸存，敢忘死友？國猶未破，事尚可爲。』胡先生獻身教育，老而彌篤，由此可以概見。

胡先生與黃克強先生交深，但以身任明德學堂監督，不便加入華興會爲會員，然以明德學校掩護革命活動，故在整個中國革命運動中，他實居於重要地位。胡先生一生不作官，只是晚年因國家民族遭受空前危難，爲團結全國力量，乃應國民政府延請，受聘爲國民參政員。並於民國二十八年二月十二日第三次大會開幕時，被推代表全體參政員致詞，歡迎議長　蔣中正先生。而南開校長張伯苓先生則被推爲副議長，南北兩大教育家桃李滿天下，一言興邦，對於集中國人抗戰力量，實有極重大的影響。

胡先生服膺陽明之學，以誠待人治事；更能得孔顏之樂，藹然仁者，晚年自號「樂誠老人」，明德新建校舍，即名曰「樂誠堂」，其修身養性，實入於從心所欲之化境。生平喜讀傳習錄及明儒學案，嘗集其精華，輯成一卷，名爲「修身約言」，昭示諸生，明德之淳良校風，由是養成。

陶淵明人稱曠達，晚年自爲祭文；胡先生亦有自輓一聯，頗能道出其心境及志趣，聯云：

已過曾求闕逝世之年，心安理得；

願述王陽明良知之學，繼往開來。

先生服膺陽明之學，前已一再述及，而對鄉賢曾國藩之學術事功，人格修養，尤爲敬佩。曾氏本易經「謙受益，滿招損」之旨，名其齋曰「求闕」，甚富哲理，於人生修養，尤受用無窮。曾氏逝世時只六十二歲，胡先生享年六十有九，自輓作於逝世前數年，故自覺「心安理得」。

胡先生繼配王氏夫人，賢而工詩，有「晚晴集」行世，佐先生辦學，三十年如一日，俾無內顧憂，澣濯之事，胥躬任之，儉樸可風。有子三人：長牧，曾任大陸銀行經理；次毅，任華中教育學院院長；季徵，任教育部音樂教育委員會祕書。先生不事著述，僅有耐庵言志詩三集行世，第四集待梓。

胡先生以明德學校爲家，念茲在茲，眞是鞠躬盡瘁；他不但生前把所有心力貢獻於學校，並且預立遺囑，選定學校繼承人，俾於身後明德仍能繼續發展，可謂「死而不已」。

胡先生於民國二十九年十一月二十四日去世，但早在二十一年一月，即開始預立遺囑，交代明德後事，以防萬一。遺囑之見證人，即胡先生曾跪請其續教日文之陳介，陳介字蔗靑，留學日本，後任駐德大使，胡先生所立遺囑，隨時郵寄柏林陳處保存。自民國二十一年至二十九年，遺囑數度更改，由此一過程，即可見胡先生至死不忘明德學校，亦可藉此窺見學校人事安排之重要，因將其全部抄錄於後：

一、

蔗靑吾兄執事：前奉手書，囑緩來滬，又以傷風甚重，纏綿至二十餘日，遂決定陰曆元宵後動身，不料倭寇如此猖獗，上海居人殆無一不受驚恐矣。南京幾砲，驚動全城，紛紛遷徙，弟因教部尙未撤去，責任所在，決不走動，而飛彈無情，忽爾碰上，亦未可知。自問已過六十，爲明德學校預定善後辦法，亦非無病而呻。明德維持會，弟近年在各地苦心經營，自問身後必有奇效，如竟奄化，可照畏公例，以次兒胡毅承繼弟之董事缺，擴充董事四人（原案二十一人），請石醉六、李倜君、劉弘度、周砥靑爲董事，或固有董事（過半數）擇相當地點（不必拘定長沙）開會，推定劉弘度爲校長。嗣後董事選出，基於維持員，茲指定維持員人數於後：向復庵、謝祖堯、兪愼初、何公望、鄔監于、龍文蔚、龍達夫、周君南、陽鐵樵、歐陽予倩、曾寶蓀、曾約農、何淬廉、凌宴池、賀啓蘭、傅笠航、浦心雅、黃厚端、龔德柏、周勃丞、楊公兆、楊公庶、徐韋曼、陳翰笙、郭仲和、李敬思、雷震清、楊宙康、蔣峋山、勞啓祥、周鳳九、章勤濟、龍風英、張子羽、張福芬、李雅蓮、汪叔梅、何軼民、管竹、趙孟涵、唐有壬、李遠欽、殷建華、李蘭溪、李鳳池、胡牧、胡徵，共計四十七人。照董事章程，每三年改選三人（譚、龍、胡三董事，仍為終身董事），由董事會向維持員徵取意見，推出加倍數（推定六人），由董事會選定三人，我公及石醉六、李倜君，亦定為終身董事。在校任職務及教授，暫不推為董事。民國二十一年一月四日樂誠老人胡元倓預書。

前書意尚未盡，再書數條於左：

嗣後校長皆須由董事內推選。

嗣後校長非本校學生及本校得力教員，兼有勞績於本校者，不得與選。

董事退職，仍請為本校維持員（由校董會延聘）。

維持員選舉董事，不拘定團內互選，可舉團外卓著聲望之人（團即指維持員四十七人）。

凡國外大學、國立大學、及國內著名私立大學卒業者（限於本校學生），皆可為維持員，由此四十七人中得二十人介紹，董事會函聘。此上

蔗青仁兄詧存

元倓再啓。同日廿一年一月四日

二、

蕪青吾兄執事，弟自去年六月二十日到校，自行經理一切，前三年之積習，改良不少，今歲或更有進步。而謝祖堯（任副校長五年餘）赤心任事，聲望允孚，決使繼其任（最後決定）。茲將辦法開列於後，弟身後煩

公將弟先開列維持會會員第二人謝祖堯，由公召集董事會，言弟最後決定，先推謝祖堯爲董事，並繼任弟爲校長。前書劉君永濟，改爲維持員第二人（劉君暫不推爲董事）。史君春霆袁君雪安皆去世，茲由弟在湘推選周君安漢（勃丞），余君籍傳（劍秋）爲董事，請開會追認，前紙所列之董事李儻、周砥青，乞仍推補。

民國二十三年一月二十六日　　樂誠老人胡元倓預書

三、

教育部新章：董事只能十九人，茲重定十九人，身後乞　公發表，重行向官廳備案：

龍紱瑞、張繼、陳介、陳果夫、葉景葵、李孝儀、譚翊、謝霖、胡彥遠、胡庶華、彭國鈞、聶其焜、余籍傳、周安漢、石陶鈞、李儻、柳翼謀、謝祖堯、胡毅、共計十九人。

維持員增加十一人。

周砥青（原定董事）、黃振華（克強女公子）、辛樹幟、涂開輿、蕭元定、錢慕韓、侯原培、周芳岡、吳建模、蕭元宇、黃建中。

民國二十四年五月十八日　以上計四紙敬煩

蔗青吾兄彙存　胡元倓敬託

四、

啓者：弟身後學校繼承人，先本定劉君永濟，曾有緘致　台端備查，後改定謝君祖堯，亦有緘陳，現決定仍交劉君永濟，如得弟逝世之信，乞將此緘公布，召集董事會，公推劉君爲董事，繼任校長。專此敬請

蔗青吾兄台安　弟胡元倓手啓二十六年十二月二十七日

五、

蔗青吾兄執事：小別又半年，中國局勢，似向好的方面轉變，我　公在外看得更明白，暗中想已盡力不少。眞做事，自不求人知也。弟自去歲赴漢口後，得見蔣先生、陳步雷、與陳立夫，會商建築費十萬不提，而於常費月加兩千，引南開近例，不打折扣，得四姪倜君之力，七月發款，財部出三千四百元，支票仍由教部轉發，現狀得以維持。而內部兪愼初仍回校主持一切，教務訓育皆交之，氣象一新。弟以歲寒松柏勉之，彼亦居之不疑，實心任事。十一月十二日，長沙大火，凡遷湘中學校，受此影響，皆無形解散，獨明德屹然不動，眞有後彫之精神，實由常費之有著，可以一文薪水不欠，大家安心辦事與教書也。大火後，中央系念長沙，請弟及仇亦山，彭靜仁回湘慰問，弟遂囑彥遠爲我代表，飛至桂林，由湘桂鐵路至長沙，彥遠乃約何公望、兪愼初至湘鄉縣城相候，由長沙乘汽車至湘鄉縣城

，會談三時之久，諸事皆接頭。遷至湘鄉之時，久兒因須在省照料，未赴湘鄉，後又至桂林小住，適陳立夫極力提倡音樂，電促久兒來渝，抵渝日，彥遠尚未行，學校半年財政用款，彥遠皆洞悉情形。何、兪大安慰。現在諸事，多與遠姪接洽，有錢則諸事好辦，彥遠亦熱心擔任，弟大可從事休息。因恐轟炸，前兩月赴鄉，居四十餘日。參政會第三次開會，二月四日入城，不覺已四十三日，後仍返鄉休息兩月，第四次開會，再入城。細思明德之事，彥遠情形最熟，現與在校諸人接近，又無別的野心，實可繼承。前年會報書身後交劉弘度，此人極好，但家累甚重，接手必感麻煩，遠不如四姪輕而易舉，弘度可爲董事，預商大計畫，而不能爲校長。玆易書一紙寄公處。我自顧精力，如不處從前之逆境，生命尚可支持十來年，然不可不爲善後之預備。此本是心安理得之事，諒我　公必贊同此舉。本月五日，特開一校友籌備會，新聞一段寄上，亦善後之要舉也。專此祇請

台　安

弟　胡元倓手啓　廿六年三月十五日

六、

敬啓者：弟身後乞　公通知張溥泉董事長，特開董事會，公推胡邁爲校長。

蕪青吾兄

胡元倓　二十八年三月十五日

胡先生逝世後，陳介以遺囑通知張溥泉董事長，並注明「此係最後遺囑，影印寄交，並證明與原本無誤。三十年一月五日陳介於柏林。」

張董事長開視遺囑後，遵囑召開董事會，推舉胡邁爲明德校長，繼胡先生主持校務。

胡邁字彥遠，日本早稻田大學畢業，任行政院會計處長有年，時擔任湖南省政府委員兼財政廳廳長，及田糧管理處處長，以職務不能兼顧，由何經濟代校長攝行校事，至校中經費及大計，則仍由校長胡氏籌畫。

胡先生於民國二十九年十一月二十四日逝世，十二月十日，國民政府頒令褒揚，令云：

國民參政員胡元倓，早歲遊學東瀛，即會參加革命。返國後在湘省創立明德學校，宣揚主義，不遺餘力，迄今四十餘年，辛勤教導，終始弗懈，樂育英賢，彌昭功績。抗戰軍興，入參樞政，方冀國有老成，長資翊贊，遽聞溘逝，軫悼殊深。應予明令褒揚，以彰耆碩，此令。

當胡先生身居重慶時，心實仍在明德，每念戰時困難重重，輒憂心如焚，乃鐫「暮年烈士」圖記以自勵。不幸于二十九年五月患腦充血後，又染惡瘧，遂致終告不治。逝世時暫厝重慶歌樂山，後于民國三十七年八月，歸葬于長沙岳麓山。時明德已于三十五年三月五日，復員長沙舊址，經營三年，校舍又漸復舊觀，先生泉下有知，亦當稍感安慰了！

年譜初稿

清同治十一年壬申（一八七二）　一歲

是年八月初七日，先生誕生于湖南湘潭故里。

時先生表兄龍璋十八歲；先生友人黃興、譚延闓均未降生；而奠定新教育基礎之蔡元培五歲，湖南時務學堂創辦人之一及戊戌變法要角譚嗣同七歲。又當曾國藩卒及申報開辦之年。

曾國藩李鴻章奏准「選派幼童赴美肄業章程，並奏派陳蘭彬、容閎爲正副委員，帶第一批學生梁敦彥、詹天佑等三十人赴美肄業。

同治十二年癸酉（一八七三）　二歲

政府選派第二批學生蔡廷幹等三十人赴美。

沈葆楨派船政學堂學生三十人分赴英、法，學習製造駕駛諸學，適因臺灣事起，停止未行。

梁啓超生。

同治十三年甲戌（一八七四）　三歲

派第三批學生唐紹儀等三十人赴美。

中國自建留學事務所於美之哈特佛。

臺灣事件，與日本議和成立。

黃興（克強）生。

光緒元年乙亥（一八七五）　四歲

派第四批（最後一批）學生劉玉麟等三十人赴美。

法人日意格返法，沈葆楨遣船政學堂學生數人隨赴法學習船政。

太后垂簾，恭親王輔政。

光緒二年丙子（一八七六）　五歲

李鴻章奏派福建船政學堂前派未行學生魏瀚等赴法學習製造，學生薩鎭冰等十二人赴英學習駕駛，並派華監督李鳳苞、洋監督法人日意格管理之。

李鴻章奏派遊擊卞長勝等七人，隨德人李勵協赴德習陸軍，以三年爲期。

范源濂生。

張伯苓生。

光緒三年丁丑（一八七七）　六歲

兩廣總督劉坤捐銀十五萬兩，奏明生息爲儲養洋務人才之用（此款後即用爲廣東水陸師學堂）。

基督教教徒舉行傳教士大會，並組織學校教科書委員會。

光緒四年戊寅（一八七八）　七歲

張煥綸于上海辦正蒙書院，分小中大各班，課程有算數、禮儀、遊戲、技藝諸項，並以俗語譯文言，始以新法教授。

左宗堂定新疆。

譚延闓生。

光緒五年己卯（一八七九）　八歲

天津設立電報學堂。

日本併我琉球。

物理學家愛因斯坦生。

光緒六年庚辰（一八八〇）　九歲

李鴻章奏辦水師學堂于天津，分管輪駕駛兩門，惟注重駕駛方面。

曾紀澤使俄，求反伊犂。

光緒七年辛巳（一八八一）　十歲

李鴻章二次奏派船政學堂學生十名赴歐留學。

兩廣總督張樹聲，巡撫裕寬，就劉坤一前捐款息銀，於廣東省城建設實學館，考選學生肄習西洋語文、算法，張之洞抵粤後，復改爲博物館。

光緒八年壬午（一八八二）　十一歲

上海設立電報學堂。

置新疆省。

蔡鍔（松坡）生。

宋教仁生。

光緒九年癸未（一八八三） 十二歲

遣兵赴安南拒法。

法與安南訂新約，以之爲保護國。

馬克斯卒。

光緒十年甲申（一八八四） 十三歲

與法宣戰，法封鎖臺灣。

英國選舉改革案通過。

德國開始在歐洲與非洲殖民。

光緒十一年乙酉（一八八五） 十四歲

李鴻章奏辦武備學堂于天津，延請德人教以天文、地輿等學，砲台營壘諸法。

李鴻章三次奏派船政學堂學生三十二名赴歐留學。

美長老會在廣州澳門諸地建設學校，後于三十年組合爲廣州之嶺南大學。

法侵福建、臺灣，尋議和，安南歸法。

左宗棠卒。

光緒十二年丙戌（一八八六）　十五歲

設臺灣省。

光緒十三年丁亥（一八八七）　十六歲

張之洞奏就廣州博物館舊址，改辦廣東水陸師學堂各一所，各招生七十人，水師學英文，分管輪駕駛兩項；陸師學德文，分馬步、槍砲、營造三項。

總理衙門奏准添設算學一科取士（包括格物機器與各國史事等在內，是爲廢科舉之先聲）。

總理衙門奏准「保送出洋人員章程」，旋考派傅雲龍等遊歷東洋及美洲，程紹祖等遊歷西洋及非洲。

西太后歸政。

光緒十四年戊子（一八八八）　十七歲

北京同文館添德文班。

美以美會設立滙文書院于北京（後改爲燕京大學）。

光緒十五年己丑（一八八九）　十八歲

張之洞奏准於廣東水陸師學堂內添設鑛學、化學、電學、植物學、公法學五學堂，各招生三十名，教習託使英大臣分別延請。

丁汝昌奏辦水師學堂于威海衞。

張之洞奏辦盧漢鐵路。

日本公布憲法。

光緒十六年庚寅（一八九〇）　十九歲

總理衙門奏出使英俄德法美五國大臣，每屆帶學生二名。

南洋大臣奏于南京設立水師學堂。

基督教會創辦中國教育學會于上海，編譯出版各種教科書及討論解決中國一般問題。

光緒十七年辛卯（一八九一）　二十歲

任命林書爲幼學官學管學大臣。

哥老會焚燬蘇皖各處教堂。

光緒十八年壬辰（一八九二）　二十一歲。

湖北鑛務局附設鑛業學堂及工程學堂。

頤和園成。

光緒十九年癸己（一八九三）　二十二歲

張之洞奏設自強學堂於武昌，分方言、算學、格致、商務四齋，惟格致、商務兩門未辦。

李鴻章奏辦醫學堂于天津。

北京山海關間鐵路成。

光緒二十年甲午（一八九四） 二十三歲

孫中山先生創興中會于檀香山。

朝鮮東學黨亂起，遣兵平之，遂與日本開戰，海陸軍皆敗。

光緒二十一年乙未（一八九五） 二十四歲

先生始往王闓運請益（據湘綺樓日記十月二十八日：「胡子靖來，夕食去。」）

湘鄉舉人等創建東山精舍，於十二月六日開辦。

津海道盛宣懷奏設中西學堂于天津，分頭等二等學堂各一所，二等學堂相當中學，頭等學堂相當專門學校。

文廷式康有爲等于北京組織強學會，附設官書局，刊發中外紀聞報紙。

華亭鍾天緯於上海開辦三等學堂，以語體文編教本，爲國語教科書之先聲。

總理衙門奏准出使英俄德法美五國大臣，每屆增帶學生二名。

張之洞創自強新軍。

與日議和，訂立馬關條約。

臺灣宣布獨立。

俄德法迫日本歸還遼東半島。

張之洞奏准于南京設立儲才學堂。

張之洞奏設陸軍學堂于南京，招生百五十人，三年畢業，附設鐵路專門學校，招生九十人肄業。

光緒二十二年丙申（一八九六）　二十五歲

派孫家鼐管理官書局（就封閉之強學會改設），孫奏定章程七條，於局內選譯書籍，設立學堂。

張之洞據江西紳士蔡金臺之呈請，奏准于高安縣地方創設蠶桑學堂，是爲中國實業學堂之始。

刑部左侍郎李端棻疏請于京師建立大學堂，各省府皆設學堂，並設藏書樓、儀器院、譯書局，廣立報館，選派遊歷。

出使日本大臣嘉祐帶學生唐鍔、胡宗瀛、戢翼翬等十三人赴日肄業，爲我國學生留學日本之始。

北京同文館添設東文班。

王先謙等于長沙開辦時務學堂，延梁啓超主講，後因「戊戌政變」停辦。

時務報創刊。

孫中山先生倫敦蒙難。

設立郵政。

光緒二十三年丁酉（一八九七）　二十六歲

先生「選丁酉科拔貢」。

盛宣懷奏設南洋公學于上海，內分師範、上院、中院、外院四部。外院卽小學，三年畢業後升入中院，中院卽中學，畢業後升入上院，上院卽專門學堂，三院教師，均以師範院學生充當。

康有爲、梁啓超等上書請變法。

光緒二十四年戊戌（一八九八）　二十七歲。

軍機大臣總理衙門奏擬京師大學堂章程五十二章。

命孫家鼐管理京師大學堂事務，開辦經費，常年用款，由戶部籌撥，官書局、譯書局均歸大學堂，由管學大臣督率辦理（此時管學大臣並統轄全國學務）。

張之洞奏准于武昌設立農務學堂，延請美農學教授二人招生學習研求種植畜牧之學。又于洋務局內設工藝學堂一所，選募日本工學教習二人，分教理化學、機器學。

日本使臣矢野文雄函請派學生赴日本留學，總理衙門覆奏派東文館學生數人，並咨南北洋大臣及兩廣、湖廣、閩浙各督撫就學堂中遴選派往，並奏以出使大臣照料選派之學生。

諭各省將省府州縣之大小書院，一律改建高等、中等，與小學堂，紳民捐建學堂，准予奏請嘉獎。

諭廢八股取士之制，改試時務策論。

梁啓超奏設編譯書局。

命設立醫學堂爲大學堂兼轄，著孫家鼐詳擬辦法。

慈禧太后幽禁光緒于瀛臺，復臨朝聽政，所謂「戊戌政變」。

梁啓超在日本創辦清議報。

湖北設立工藝學堂，招考學生六十名，分習汽機、車牀、繪圖等各項工藝，三年畢業。

上海製造局附設工藝學堂，分化學工藝及機器工藝二系。

南洋美屬華僑在小呂宋創設學塾，四年後改名爲中西學堂，爲美屬華僑最早之學校。

光緒二十五年己亥（一八九九）　二十八歲

諭總理衙門出洋學生應如何分入各國農工商等學堂專門肄業，以備回國傳授，詳議章程具奏。

山東義和團起，倡扶清滅洋。

光緒二十六年庚子（一九〇〇）　二十九歲

先生至王闓運處，閱府縣卷（據湘綺樓日記：「三月九日胡子靖來，云來閱府縣卷」）。

義和團之變，京師大學堂管學大臣許景澄極諫被戮，教習劉可毅被戕，生徒四散。

王照于天津編成官話合聲字母。

南洋荷屬華僑李廉興、丘燮亭等在巴城八帝貫創辦中華會館，辦中華學堂，爲荷屬華僑最早之學校。

美發表中國門戶開放政策。

光緒二十七年辛丑（一九〇一）　三十歲

羅振玉、王國維于上海創辦「教育世界」，初爲旬刊，自六十九期起改爲半月刊。

奕劻李鴻章與各國議和專使簽訂辛丑和約十二項，允付諸國償款四億五千萬兩（即所謂庚子賠款，爲後退還辦教育之張本）。

命各省選派學生出洋肄業。

直隸總督袁世凱奏陳辦理山東學堂事宜及試辦章程（該章程內大略先于省城建學一區，分齋督課，其備齋、正齋卽相當小學、中學，專齋卽相當專門大學），政務處禮部會同奏定學堂選舉鼓勵章程，凡由學堂畢業考取合格者，給予貢生、舉人、進士等名稱。

派張百熙爲京師大學堂管學大臣，並著裁定章程具奏。

北京同文館歸併於京師大學堂內。

梁啓超創辦新民叢報于日本橫濱。

李鴻章卒。

光緒二十八年壬寅（一九〇二）　三十一歲

春三月，先生奉湘撫俞廉三之命，赴日本就學于宏文師範。

張百熙奏陳設立京師大學堂辦法，緩設分科，暫設高等學堂爲大學之預科，課程分政藝二科，復設速成科曰師範館、仕學館。

十一月八日，京師大學堂招生開學，計考取仕學館生五十七名，師範館生七十九名。

張百熙奏進學堂章程，卽所謂「欽定學堂章程」。

外務部奏派汪大燮爲日本遊學生總監督。

南洋公學學生發生風潮，退出學校，陳意見書于中國教育會組織愛國學社。

外務部奏遵議派遣出洋遊學辦法章程。

增派榮慶爲管學大臣。

日本東京高等師範校長嘉納治五郎于東京專爲中國學生創設「宏文學院」，設師範科，修業半年至三年，中國學生習速成者多由此校。

光緒二十九年癸卯（一九〇三）　三十二歲

先生自日本歸，得龍侍郎湛霖贊助，創辦明德學堂于長沙，招中學甲乙兩班，于三月二十九日開學。秋七月，招速成師範一班，原聘黃軫（興）主辦，後改爲黃忠浩任總理，黃軫任教務，兼教體操。

經正學堂賡續成立，由龍侍郎之子紱瑞（萸溪）主持之。

茶陵譚翰林延闓來校參觀，慨捐千金爲校費，並年助英文教員薪金千元。

京師大學堂添設進士館，令新進士皆入肄業。

京師大學堂設譯學館，又添設醫學實業館。

派張之洞會同張百熙、榮慶釐定京師大學堂及各省學堂章程具奏。

張之洞奏准約束遊學章程十條，鼓勵遊學畢業生章程十條，自行酌辦立案章程七條，由外務部學部通知出使大臣留學生監督執行。

張之洞、張百熙、榮慶奏進學堂章程，卽所謂「奏定學堂章程」。

改管學大臣爲學務大臣，統轄全國學務，另設總監督，專管京師大學事宜，加派孫家鼐爲學務大臣，張亨嘉為總監督。

湖南陸續開辦中西南三路師範，中路設于省城，西路設于常德，南路設于衡州。

張之洞在江南水陸師學堂內選派學生分赴英、德留學。

湖廣總督端方在湖北各學堂中選派留德、美、俄、比（二十四人習實業）學生。

天主教設立震旦大學于上海。

光緒三十年甲辰（一九〇四）　三十三歲。

上海道湘潭袁樹勛捐助明德萬金。

是年春，第一期速成師範彭國鈞等一〇八人畢業。

秋七月，續招第二期速成師範百餘人，冬十二月，第二期速成師範黃堃等一〇二人畢業。

附設高等小學甲乙兩班，陳果夫、黃一歐等來學。

設分校于西園周氏花園。

嚴修、張壽春（伯苓）創辦敬業中學于天津，旋改名私立第一中學，後改名南開學校。

黃軫（興）等組織華興會，在湘起事未成。

湖廣總督張之洞通飭各府將所設中學堂，一律改為初級師範學堂，或先辦速成師範與師範講習所。

京師大學堂成立優級師範科。

勞乃宣之簡字全譜在南京出版。

湖南開辦工業專門學堂。

光緒三十一年乙巳（一九〇五） 三十四歲

湖南巡撫端方增明德津貼千金，資送中學甲班全體學生留學日本。

龍侍郎湛霖卒，譚延闓繼任明德學堂總理。

學務大臣議飭各省編立學堂表具報。

日本東亞女學校附設中國女子留學生速成師範學堂，並訂定章程二十三條。

李登輝等發起組織寰球中國學生會，在上海成立。

袁世凱、張之洞奏請立停科舉以興學校，諭即自丙午科爲始，所有鄉會試及各省歲科考試一律停止。

設立學部，派榮慶爲學部尙書，熙瑛爲左侍郎，嚴修爲右侍郎，將國子監事務歸併于學部。

日本文部省發布清韓留學生取締規則，中國留日學生，全體罷課，要求取銷。湖南陳天華並因此蹈海，全體學生歸國，翌年創中國公學于上海。

直隸學務處試辦教育雜誌，月出一册。

湖南巡撫端方通飭設立初級小學多所，並附設蒙養院。

湖南派女生二十名赴日本習速成師範。

中國同盟會成立，孫中山先生被舉爲總理。

光緒三十二年丙午（一九〇六） 三十五歲。

湘撫奉部令，月增明德津貼三百金。
春正月，明德開辦東語、理化專科兩班。
秋七月，經正開辦茶陵速成師範一班。
經正學生不服陳潤霖主事，離校創設惟一英語專科，後更名為廣益中學堂。
學部奏准裁撤各省學政，改設提學使司，統轄全省學務，歸督撫節制。
學部奏派二十三省提學使：「……湖南吳慶坻……」
學部咨請各省舉辦實業學堂，先設中等、初等實業學堂及實業補習學堂。
學部奏准教育會章程十五條。
學部以留日學生達萬二三千人，通電各省停派赴日速成學生，並推廣各項學堂。
學部示諭教科書審定辦法。
學部奏編錄學部官報，每月一冊，後改為旬報，頒發各省提學使轉發各學堂。
學部通行各學堂改定暑假年假日期，年假以二十日，暑假以五十日為限。
學部奏准修改各學堂考試章程。
准學部奏宣布教育宗旨。
下詔預備立憲。
光緒三十三年丁未（一九〇七）　三十六歲。

先生由奉天入京，轉道赴滬，籌設分校。
秋七月，經正開辦攸縣速成師範一班。
學部禮部奏准各學堂學生冠服程式。
命學部通籌教育普及善法，編輯精要課本。
以張之洞管理學部事務。
嚴切禁止學生干涉國政，立會演說，抗拒官吏，要求參政。
學部公布第一次教育統計圖表。
張伯苓嚴修于天津創辦之私立第一中學遷入新校舍，改名爲南開學校。
學部諮議熊希齡聯合留學日本、英、德、法、俄、義、奧等國學生設立寰球通報社，月出西文雜誌一本，贈送各國政府。
日政府議准我國留學陸軍學生二百餘名，一律限歲杪入士官學校。
華文新世紀報刊發于巴黎。
光緒三十四年戊申（一九〇八）　三十七歲
四月，南京高等商業學堂成立，先設銀行專科。
學部奏准各項學堂招考限制章程，並定于本年六月起施行。
美國會通過以一部分之賠款退還中國之議案，隨于十二月二十八日美大總統令另保留二百萬美金外，餘悉退還。

學部通行各學堂修業文憑條例十四條。

德人寶隆設同濟醫院于上海，附設同濟德文醫學校，嗣德人貝倫子來華增設工科（即爲國立同濟大學之始基）。

帝及太后崩，溥儀卽帝位，醇親王載灃攝政。

清宣統元年己酉（一九〇九）　三十八歲

是年春，先生自南京歸，校款奇絀，明德中學主事廖名縉，經正中學主事仇道南，會商全體教職員，月減薪二成，以紓校難，並請先生出外籌基金，而校內財政，一委之譚總理延闓。

蒙番王公等創設殖邊學堂于北京，分蒙部衞藏兩科，三年畢業，養成專門人才。

學部奏將京師大學堂預備科改爲京師高等學堂，學科分三類，並奏派高衍瀛爲監督。

美退回庚子賠款一部分，學部外務部奏定派遣留美學生辦法五則：一、設遊美學務處，二、設肄業館（卽後之清華大學），三、考選第一格第二格學生，四、津貼生活費，五、專設駐美監督。學務處于六月成立，周自齊爲總辦。

學部因留學生畢業回國者更多，奏准增修考試畢業遊學生章程八條，對于資格文憑與考試之程度，均有嚴密之規定與檢查。

外部學部在北京招考第一次留美學生唐悅良、梅貽琦、胡剛復等四十七名。

學部奏設京師圖書館，派繆荃孫爲監督，後于二年八月成立。
學部咨各省造具按年籌辦各項實業學堂詳表報部，並訂定各省實業學堂整頓計畫大綱十二條通飭遵行。
學部奏設編訂名詞館，派嚴復爲總纂。
學部奏定小學教員章程二十七條及優待小學教員章程十二條。
京師大學堂籌設經科、法科、文科、格致科、農科、工科、商工七分科大學，先辦經、文、格致、工四科。
賞給遊學專門詹天佑、嚴復各員進士舉人。
學部通飭各省停辦速成師範學堂。
張之洞卒。
各省諮議局開幕。

宣統二年庚戌（一九一〇）　三十九歲

先生奉派爲留日學生監督。
明德開辦中等商業本科一班。
學部奏准實業教員講習畢業獎勵辦法，並限定兩年內各省至少應設一所。
調榮慶爲禮部尚書，唐景崇爲學部尚書。
學部奏報第一次教育統計圖表（光緒三十三年），各省學校數三萬七千八百八十八所，學生數一百零二萬四千九百八十八人。
學部奏准實業學堂外國語文一律定爲英國語文。
湖南教育總會建築告成，開全省大會，到者三百餘人，選舉繆名縉、胡元倓（子靖）等三十人爲幹事。
學部頒發改良私塾章程二十二條。
學部札行各省查禁僞造學部審定教科書。
學部奏准禁止東西洋遊學生與外國人結婚。
宣統三年辛亥（一九一一）　四十歲
先生膺駐日留學生監督之命，三月東渡赴任。
明德開辦銀行專修科、法政別科兩班。
留美學務處于清華園自建校舍告成，定名「清華學校」，先後招生四百六十人，分別編入中等科及高等科，于四月一日開始上課。
全國教育會聯合會在上海江蘇教育總會開會，到會江蘇、湖南等十二省代表。
冬十月，先生辭留日學生監督回國。
八月十九，即陽曆十月十日，武昌革命軍起義成功，創立中華民國，臨時政府成立于南京。
中華民國元年壬子（一九一二）　四十一歲
經正併入明德學校，統設四部：專門、中學、高小、初小，每部各置主任一人。

周園分校舍捐贈周南女校。

民國成立，一切更始，採用陽曆紀元，改學堂爲學校，稱監督曰校長，臨時大總統孫文在南京組織臨時政府，以蔡元培爲教育總長，景耀月爲次長。

教育部成立，一月九日啓用印信。

湖南省教育會在長沙開第一次會，舉蔣定一、胡元倓爲正副會長。

臨時大總統袁世凱任命蔡元培爲教育總長。

湖南學務司將三路師範取消，創設全省中學校，由政學界推定廖名縉等二十人爲校董，蔣定一爲校長。

四月二十六日，教育總長蔡元培、次長范源濂到部視事，並派員接收前學部事務。

湖南省教育會發出第一次報告書，並擬進行事項：㈠擴充學級教授訓練所，㈡創辦體育會，㈢注重社會教育。

清華學校重行開課，將遊美學務處裁撤，將所有職權，付之清華學校。

任命嚴復爲北京大學校長。

教育部通飭各書局，將出版各種教科書送部審查。

湖南教育司吳景鴻擬定提倡全省教育辦法三項：㈠獎進學校，㈡取締教員，㈢實行強迫教育。

七月十日至八月十日，教育部召開臨時教育會議，到會各省議員八十餘人，提案九十二件。

七月十四日，教育總長蔡元培辭職；二十六日，任命范源濂爲教育總長，董鴻禕爲教育次長。

九月六日，教育部公布教育宗旨——注重道德教育，以實利教育，軍國民教育輔之，更以美感教育完成其道德。

教育部公布審定教科用圖書規程十四條。

教育部徵求國歌。

稽勳局選擇革命青年張競生、譚熙鴻、楊銓、任鴻雋、宋子文等二十五人，呈請教育部派遣留學東西洋。

教育部公布讀音統一會章程八條。

湖南改遷優級師範學堂于嶽麓書院舊址，易名爲高等師範學校。

明德大學創立于北京。

中華民國二年癸丑（一九一三）　四十二歲

一月二十八日，教育總長范源濂辭職，特任海軍總長劉冠雄兼署教育總長。

三月十九日，兼署教育總長劉冠雄辭職，特任農林總長陳振先兼署教育總長。

四月三十日，兼署教育總長陳振先辭職，大總統令由次長董鴻禕暫行代理部務。

九月十一日，特任汪大燮爲教育總長。

黃興、宋教仁創辦國民大學于北京。

美教育家孟祿博士來華，參觀江蘇各學校。

教育部通電各省，擬將留學外國學生規程詳細釐定，在未頒行前，暫停派遣東西洋各國留學生。

教育部創辦之京師通俗圖書館成立，並附設公眾體育場，新聞閱覽處各一所。

教育部通咨各省教育經費不得挪作別用。

美教會于南京創立金陵女子大學，後於四年九月開始正式成立。

湖南教育司吳景鴻辭職，任命唐聯璧繼任。

中華民國第一屆國會開會。

宋教仁案發生。

中華民國三年甲寅（一九一四）　四十三歲

三月二十日，教育總長汪大燮免職，特任嚴修為教育總長，嚴修未到任前，蔡儒楷暫行署理。

五月一日，特任湯化龍為教育總長，梁善繼為次長。

教育部公布管理留學日本自費生暫行規程十三條，又經理留日本學生事務暫行規程三十四條。

教育部以前時審定教科書失于寬濫，復布告以前審定之教科書，統限于三月內送部覆審。

改各省民政長為巡按使，裁撤各省內務、教育、實業各司，巡按使公署政務廳內設總務、內務、教育、實業各科，由巡按使自委掾屬，佐理文牘事務。

教育部教科書編纂審查會成立。

北京教育會呈請教育部轉呈提交參政院，將義務教育列入憲法。

湖南教育司將全省劃分六區，並派程敉功等六視學分赴考察。

中華民國四年乙卯（一九一五） 四十四歲

教育部舉辦全國專門學校成績展覽會，明德大學成績居全國私立大學第一。

八月三十一日，教育總長因病請准假一月。

九月十日，特任章宗祥兼代教育總長。

十月五日，教育總長湯化龍辭職，特任張一麐爲教育總長。

全國教育會聯合會于天津開第一次會議，到十八省區代表五十一人，會期自四月二十三至五月十二日。

中國科學社發行科學雜誌。

教育部呈擬義務教育施行程序，經批准次第呈請辦理。

教育部限定各學校校長不得兼充他項職務。

袁世凱圖謀稱帝，令改明年爲洪憲元年，蔡鍔等在滇起護國軍，反對帝制。

中華民國五年丙壬（一九一六） 四十五歲

北京明德大學停辦，以示抗議袁世凱稱帝，後遷漢口復校。

教育部咨送採錄前開全國師範學校校長會議議案一冊施行（內計師範教育注重人格教育與生活教育之要旨及辦法等八件）。

教育部通咨各省區籌議擴充師範，並飭各師範學校加意整理。

四月二十三日，特任張國淦爲教育總長。
六月六日，袁世凱病死，黎元洪任大總統。
七月十二日，特任范源濂爲教育總長。
教育部訂定選派留學外國學生規程十條。
教育部召集教育行政會議開幕，到二十六省區會員四十一人，會期二十日，會議十三次，議案二十一件。
教育部擬定六年分教育大綱計畫，內分關于教育制度改革事宜，學校編制改革事宜等二十項。
大總統任命蔡元培爲北京大學校長。
湖南高等師範停辦。
蔡鍔卒。
黃興卒。

中華民國六年丁巳（一九一七） 四十六歲

黎元洪被督軍團脅迫，解散國會。
國會議員在粵開非常會議，組織軍政府，舉孫中山先生爲大元帥，南北對立。
教育部特獎明德「成德達材」橫匾一方。
教育總長范源濂擴充六年度留學經費至二十八萬五千元，各省應派出洋留學者綜計一百三十一人。
伍廷芳、梁啓超、張謇、范源濂、王正廷、蔡元培、黃炎培、郭秉文等發起組織中華職業教育社，已在上海創辦職業學校一所。

教育部以各省甲乙種農、工、商業學校，報部有案者達三百二十餘所，擬定實業學校校長會議規程十一條，並酌定討論問題五條，定於本年十月通咨各省區在京召集實業學校校長會議。

六月二日，教育總長范源濂呈請辭職，准予給假十日，以次長袁希濤暫代理部務。

大總統任命各省教育廳長………湖南沈恩孚，……。

十月十五日，教育部召集全國實業學校校長在京開會，計到會員五十九人，議決三十二案。

十二月四日，特任傅增湘為教育總長。

湖南省署召集各縣勸學所所長會議，並預擬諮詢事項，令各縣勸學所長答覆，計議決案八件，當經省署公布施行。

湖南擬定教育計畫三項：㈠于衡州、常德、沅州三處各增設實業學校一所，㈡將原有十四聯合中學校歸為省有，㈢推廣小學教育，先催促各縣設立勸學所，增廣各縣視學，從事調查並注意檢定教員。

中華民國七年戊午（一九一八）　四十七歲

北京新國會成立。

新國會舉徐世昌繼任總統。

四月十二日，教育部召集全國高等師範學校校長會議在京開會。

教育部選派各校教授劉復、朱家驊、鄧萃英、盧崇恩、楊蔭榆、沈葆德等分赴歐美各國留學。

十月十四至十一月二日，教育部在京召開中學校長會議，到會五十九人，共開會十九次，提案四十四件，議決案二十四件。

十月，教育部在京召開全國專門以上學校校長會議，到會五十八校，會期十八日，議決案四十七件。

南開校長張伯苓與嚴修、范源濂決議增設大學部，隨于八年春籌建講室，九月開學。

晏陽初在法國華工內自己編輯課本，教授華工（此卽我國平民教育之起原）。

中華民國八年己未（一九一九）　四十八歲。

明德大學復設於漢口。

湘省學界因驅逐張敬堯督軍，各中學停課。

明德中學部主任謝眞（祖堯）赴日本考察教育。

教育部通令各校教員組織各科研究會。

教育部指派部員沈步洲、張繼等九人，並聘請范源濂、蔡元培、陳寶泉、蔣夢麟、王寵惠、吳敬恒等十九人為教育調查會會員。

教育部訓令各省教育廳推廣體育。

教育部公布注音字母次序單。

五月四日，北京各校學生五千餘人聞巴黎和會我國外交失敗，羣至曹汝霖宅，毆傷章宗祥，學生陸續被捕者達千餘人，旋一律罷課，全國學生及工商界罷學罷工罷市響應，卽所謂「五四運動」。

五月十五日，教育總長傅增湘因學生風潮擴大辭職，同日令次長袁希濤代理部務。

六月五日，教育次長袁希濤辭職，任令傅嶽棻爲教育次長並代理部務。

美國哥倫比亞大學教授哲學博士杜威，應北京大學校長蔡元培等之請來華抵滬（五月），在江蘇省教育會開始講演。

湖南各校自去秋開學以來，經費積欠過鉅，甲種工校各教職員于十一月五日停課，各校亦將同停，校長徐光模等二十餘人呈請省署維持。

歐美教育考察團邵楫、任誠、陳寶泉、孫其昌、楊若堃、金曾澄、譚錫恩及黃炎培、袁希濤等十二人放洋。

教育部設立國歌研究會，派部員湯中，蔣維喬等十五人爲會員。

中華民國九年庚申（一九二〇）　四十九歲

五月，張敬堯去職，湘中各校復課。

謝眞自日本歸，銳意改革明德校務，實行能力分組，推行課餘運動，提倡學生自治。停辦小學，專致力于中學。

大總統令維持教育經費。

教育部令各省自本年秋季起，國民學校一二年級，先改國文爲國語文。

國語統一籌備委員會函送新式標點符號一案，教育部通咨各省區轉發各處採用。

教育部通告國民學校，文體教科書，分期作廢，逐漸改用語體文。

四月，杜威博士再來南京高等師範長期演講，一爲教育哲學，二爲實驗倫理，三爲哲學史。

湖南彭國鈞、易培基、楊樹達諸人，以前張敬堯在湘時，教育摧殘殆盡，商同譚延闓組織教育委員會，以易培基爲委員長；各教育家又以爲教育會中斷，發起組織一教育促進會，以爲教育研究機關。

八月十一日，特任范源濂署教育總長。

十月十七日，北京大學舉行第二次授予名譽博士典禮，授杜威以哲學博士，芮恩施以法學博士。

國務會議決定卿雲歌爲國歌。並定十年七月一日施行。

中華民國十年辛酉（一九二一）　五十歲

國會非常會議舉孫中山先生爲總統，五月五日就職。

赴法勤工儉學學生謀工不易，教育部布告通令各省暫行停送該項學生赴法。

湖南教育經費保管委員會，會同省教育會、權運局，將劃分教育經費辦法議決呈請省署施行。

北京教育經費風潮，經范源濂、汪大燮等五人出任調停，由政府籌撥價值二百萬元之證券等存放銀行，爲京師學款之準備金，儲爲京師額支學款每月二十二萬之用，八校教職員遂于七月二十八日復課。

日本長琦地方擬于一九二三年三月舉行「萬國教育展覽會」，教育部通咨各省徵求小學成績轉送展覽。

美孟祿博士應實際教育調查社之聘請，來華抵北京（九月十日），開始實地調查各地教育狀況。

美孟祿博士與實際教育調查社社員范源濂等及召集之各專門大學代表朱經農、李建勛等，北京中小學代表張鴻來等，各省教育界代表馬敍倫、方永蒸等，特請員熊希齡、胡適，教育部代表陳延齡共七十餘人，在北京開教育討論會三日（十二月十九至二十一日）。
新教育改進社、新教育雜誌社、實際教育調查社代表，在北京開聯合會議，討論合併改組中華教育改進社辦法，通過中華教育改進社簡章，于十二月二十三日續開大會，推舉蔡元培、范源濂、郭秉文、黃炎培、汪兆銘、熊希齡、張伯苓、李建勛、袁希濤九人爲董事，孟祿、梁啓超、嚴修、張謇、杜威、張一麐、李煜瀛七人爲名譽董事。
十二月二十五日，教育總長范源濂辭職，特任黃炎培爲教育總長，黃未到任以前，特任齊耀珊兼署教育總長。

中華民國十一年壬戌（一九二二年）　五十一歲

先生奉教育部派，往南洋調查各埠華僑教育情形；同時爲明德大學籌募基金。
教育部頒布新學制，中學分爲初高兩級，各爲三年。
四月八日，兼署教育總長齊耀珊辭兼職，特任周自齊兼署教育總長。
五月十一日，兼署教育總長周自齊辭職。翌日，特任黃炎培署教育總長，黃未到前，以高恩鴻兼代。
八月五日，兼代教育總長高恩洪辭職，特任王寵惠兼署教育總長。
九月十九日，署教育總長王寵惠辭職，特任湯爾和署教育總長。
十一月二十九日，署教育總長湯爾和辭職，特任彭允彝署教育總長。

晏陽初抵長沙，與各界舉行全城平民教育運動，在運動後，並開辦平民學校六十餘處。
九月二十日，教育部召集之學制會議開幕，到會員七十八人，蔡元培主席，至三十日閉會，共開大會十次，議決學校系統改革案等十餘件。
教育部審定科學名詞審查會編訂之化學名詞審查本。
特派熊希齡、汪大燮、蔡元培等二十九人爲教育基金委員會委員。
湖南擬訂全省施行義務教育規程及籌施湖南全省義務教育程序與說明書。

中華民國十二年癸亥（一九二三）　五十二歲

湖南財政廳撥給湖南省銀行漢口查家墩地皮爲明德大學校址。
黎元洪被迫離京，曹錕以重賄當選爲總統。
一月十七日，北京大學校長蔡元培，以教育總長彭允彝干涉司法獨立辭職，北大全體學生議決聯絡全國學校及各團體驅彭。
一月十九日，教育總長彭允彝辭職（後二十九日總統慰留彭氏，三十日彭氏正式就教育總長職）。
一月二十三日，蔡元培發表宣言，主張對于政府取不合作主義。
萬國教育會議（美國教育聯合會發起）在美舊金山舉行（六月二十八至七月六日），中華教育改進社派蔡元培、范源濂等八人出席會議，議決成立「世界教育聯合會」、「改良鄉村教育」等案。
九月四日，教育總長彭允彝辭職，特任黃郛署教育總長。

中華民國十三年甲子（一九二四）　五十三歲

湖南省政府每月津貼明德大學壹千元。

中國國民黨在廣州開第一次全國代表大會。

孫中山先生入京，主張召集國民會議。

一月十二日，署教育總長黃郛辭職，特任范源濂爲教育總長。

一月二十一日，教育總長范源濂辭職，特任張國淦爲教育總長。

全國教育會聯合會退還庚款委員會發表通電，主張庚款悉數擴充教育及文化事業之用（反對庚款築路）。

中華教育改進社敦請美國哥倫比亞師範學院教授麥柯博士等教授在北京舉行施行教育心理測驗講習會

關于保管美國退還庚子賠款餘額事宜，政府派定董事顏惠慶、顧維鈞、范源濂、施肇基、黃炎培、蔣夢麟、張伯苓、郭秉文、周貽春、丁文江十人，美董事爲孟祿、杜威、貝克爾、噶理恆、白賴脫五人，組織中華教育文化基金董事會，並于九月十八日開成立會，推舉范源濂爲會長，孟祿爲副會長。

九月十四日，教育總長張國淦辭職，特任黃郛爲教育總長。

十一月十日，特任易培基署教育總長，任命馬敘倫爲教育次長。

十一月二十四日，特任王九齡爲教育總長，在王未到任前，著次長馬敘倫代理部務。

俄國庚子賠款委員會在北京蘇聯大使館開第一次會，出席委員徐謙、李煜瀛、伊法爾，推舉蔡元培爲委員長。

長沙雅禮大學（係美國教會所創辦）學生發生風潮，罷課退學（爲湖南各教會學校反抗教會教育之始，隨有雅各成智及湘潭之益智、醴陵之遵道各教會學校學生作同樣之運動）。

湖南省府禁止各校學生非基督教運動。

湖南省長趙恒惕主設省立大學，擬將工、商、法三專門學校改設湖南大學。

湖南第九屆全省運動會在衡陽舉行，明德籃、網、足球均獲勝利，成績居全省第一。

中華民國十四年乙丑（一九二五） 五十四歲

孫中山先生在北京逝世，胡漢民代理大元帥。

三月十六日，教育總長王九齡就職，各校反對，致起衝突。

四月十四日，教育總長王九齡請假，著章士釗暫行兼署教育總長。

五月七日，教育總長章士釗禁止學生開會，學警發生衝突，學生除受傷者外，被逮者十八人，此日下午，學生亦搗毀章宅，章氏辭職。北大教員發表宣言，以明當日眞相與責任。

五月十二日，教育總長章士釗辭職（隨于十九日赴滬，六月十七日回復司法總長任）。

七月一日，國民政府在廣州成立。

七月初，湖南教育經費積欠百二十餘萬元，中西南三路教職員組織非常委員會，專辦教育經費獨立運動，隨于七月六日，教聯會又召集各校代表會議，到三十餘校五十餘人，議決四案，並定于七月十日齊集向政府請願。

七月十四日，道爾頓制創始者柏克赫士特女士抵滬。

七月二十一至二十八日，世界教育會聯合會在英蘇格蘭島之愛爾堡舉行第一屆大會，我國中華教育改進社推蔡元培、郭秉文等五人參加，通過二十一議案。

七月二十八日，調章士釗署教育總長。

九月十一日，特任章士釗兼國立編譯館總裁，張奚若爲出版品國際交換局局長。

十月十四至二十七日，全國教育會聯合會在湖南長沙開第十一屆年會，到二十省區代表三十八人，共開大會九次，收到八十四提案，議決案二十五件。

十一月五日，派范源濂、周詒春等九人爲國立京師圖書館委員會委員，並由委員會推梁啓超爲館長，李四光爲副館長，以北海公園慶霄樓等處爲籌備處。

十一月十日，教育總長章士釗辭職。

中華民國十五年丙寅（一九二六）　五十五歲

明德大學停辦。

中華教育文化基金董事會開會于北京，津貼明德中學經費壹萬元。

國民革命軍總司令蔣中正誓師北伐（七月九日）。

一月三十一日，湖南大學正式成立，不設校長，由委員十人管治之，就原有之工、商、法三專校校舍分設理、工、法、商四科，另撥款五萬元爲新建教室之用。

二月九日，國民政府特派陳公博、甘乃光、許崇清、金曾澄、鍾榮光爲教育行政委員會委員（後加派褚民誼、韋慤、經亨頤，到南京後，更加蔡元培、李煜瀛、吳稚暉三人）。

二月，國立編譯館組織董事會，聘蔡元培、李煜瀛等十一人爲董事，後復于三月三十一日，經章士釗呈請國務院議決，仍照原案辦理，以章爲總裁。

三月四日，臨時執政特任馬君武爲教育總長（馬不就職）。

三月三十一日，臨時執政特任胡仁源爲教育總長。

五月十三日，大總統令（國務院攝行），特任王龍惠爲教育總長。

六月二十二日，北京大總統令（國務院攝行），特任任可澄署教育總長。

六月二十六日，湖南省公立校長因教費積欠十七個月，全體辭職。

七月一日，國民政府教育行政委員會在廣東省教育會召集中央教育行政大會，出席會員四十七人（查此次名爲中央教育行政會議，照規程規定有各省區教育廳長、科長、祕書、督學及省區教育科長、科員爲會員，但實際此次會員大多數爲廣東各縣教育局長或縣代表，與教育廳人員，廣西有一小部分，湖南僅有代表朱劍帆一人，其餘省區則尚無有參加者）。

七月八日，北京大學校長蔡元培辭職，北大教職員于此日特開全體大會，討論挽留辦法。

湖南大學改委員制爲校長制，省府聘雷鑄寰爲校長。

九月，湖南省務會議通過教育廳長周鰲山擬具全省教育施行具體方針計畫。

十月四日，北京國立八校校長因經費無著，不能開學，聯名辭職。

十二月，湖南省政府公布各縣教育產款經理暫行要則。

中華民國十六年丁卯（一九二七）　五十六歲

夏五月，共產黨在長沙失敗（馬日事變），省長唐生智令各校暫行停辦，先生力爭，特准明德仍正式開學。

國民政府定都南京。

國民政府頒行大學區制。

一月二十九日，湖南省黨部，省政府會同發起組織「鞏固教育經費委員會，在教廳召集教廳、財廳、榷運局、教聯會、學聯會等機關開第一次會議，議決三項辦法：㈠三日內由財廳撥款十萬元，以度年關，㈡以後經常費，鹽稅每月九萬，省河釐局及火車貨捐局二萬，煙稅每月二萬元，㈢臨時費由財廳指定米捐按發。

湖南省黨部，省教職員聯合會等百二十餘團體，聯合組織反文化侵略大同盟，專門進行反對教會學校事項。

三月二十一日，克柏屈博士在滬與朱經農、沈履、凌冰、程時煃、程其保、胡叔異等三十餘人開中等教育、初等教育討論會。

四月二十七日，國民政府任命蔡元培、李煜瀛、汪兆銘爲國民政府教育行政委員會委員。

四月，湖南各界議決將前教育會場改建中山堂，後于十七年十月完成。

湖南大學奉令取消，惟留工科，更名湖南工科大學。

五月，中央政治會議第九十次會議，議決設立中央研究院籌備處，並推定蔡元培、李煜瀛、張人傑等爲籌備委員。

北京大元帥任命劉哲爲教育總長，林修竹爲教育次長。

六月二日，中央決辦中央黨務學校，推蔣中正爲校長，戴傳賢、羅家倫爲正副主任，派員于本日開始籌備。

六月二十七日，中央政治會議通過蔡委員元培等提議組織中華民國大學院，爲全國最高教育學術行政機關。

七月四日，國民政府公布中華民國大學院組織法十一條。

十月一日，中華民國大學院院長蔡元培宣誓就職。

十一月六日，大學委員會開第一次會議，到會蔡元培、李煜瀛、易培基、鄭洪年、褚民誼、戴傳賢、蔣夢麟、胡適、朱家驊、張乃燕、張仲蘇、楊銓、金曾澄、高魯等十四人，議決大學委員會條例，大學委員會議事細則，統一黨化教育及政治指導等九案。

十一月二十日，中央研究院籌備會及各專門委員會開成立大會，到張湛溪、曾照掄、胡剛復、楊銓、蔡元培等三十人，通過中央研究院組織條例，以大學院院長蔡元培兼任中央研究院院長，先設立理化、實業研究所，社會科學研究所，地質研究所，觀象臺四研究機關，並推定各所常務籌備員。

十二月二十六日，國民政府據大學院院長蔡元培、財政部部長孫科提議，通令財政部，各省市政府切實施行整理學制，並保障教育經費獨立。

十二月，湖南省政府公布中等學校暫行訓育規程。

中華民國十七年戊辰（一九二八）　五十七歲

三月，先生入京，中央大學院月給明德補助費二千元。

九月，明德遵部令成立校董會，推定譚延闓、張繼、陳介、陳果夫、李煜瀛、易培基、談荔森、謝霖、史鎰、張育焌、陳嘉佑、方鼎英、彭國鈞、龍紱瑞、袁家普、柳翼謀、胡邁及先生十八人爲董事，共推譚延闓爲董事長。

國民政府發表重訂平等條約宣言。

蔣中正就任國民政府主席。

二月十五日，大學院譯名統一委員會主任王雲五，擇定上海寶通路爲事務所，開始組織。

四月二日，湖南教育廳前訂送湖南省各縣教育局暫行組織大綱，湖南省各縣學區學務委員會暫行規程、實施普及教育暫行條例，經院備案。

湖南省政府議決恢復湖南大學，聘任凱南爲校長，撥修理費萬元。隨于五月開學，設文、理、工三院，于前工大學生外，招足十二班，又暫設預科六班。

五月十五日，大學院召集之全國教育會議在南京中央大學開幕，計到會江蘇、浙江、福建、廣東、廣西、湖南、湖北、江西、安徽、河南、山西、陝西、甘肅、四川、雲南、貴州、直隸、山東、東三省、川邊、綏遠、察哈爾各省區代表程時煃、鄭宗海等四十人，蒙藏代表白雲梯一人，南京、上海特別市代表韋慤等二人，內政、交通、農礦、工商、財政、外交、司法部、軍事委員會、僑務委員會、審計院代表各一人，大學院選聘之專家孟憲承、汪企張等十八人，大學院當然出席者蔡元培、楊銓等十人，大學委員會列席委員朱家驊、張乃燕等六人。大會議長蔡元培、楊銓，副議長許崇清，共開大會十二次，至二十八日閉幕，收到議案四〇二件，議決成立案十二類一百餘件。

五月二十八日，國民政府任命張定兼湖南省教育廳廳長。

七月三日，大學院頒發中央訓練部製定之促令各地設立中小學校教員暑期講習會辦法及各地中小學校教員講習會增加黨義課程辦法。

七月二十八日，國民政府公布高級中學以上學校軍事教育方案。

八月十七日，大學院根據前全國教育會議議決確定教育宗旨一案，擬定教育宗旨呈送中央政治會議（查後經國府會議通過公布，即現行教育宗旨）。

大學院院長蔡元培呈辭本兼各職。

九月二十四日，湖南教育廳長張定辭職，任命張炯兼教育廳長。

十月三日，中央政治會議議決大學院院長蔡元培辭職，特任蔣夢麟爲大學院院長。
十月二十三日，國民政府令改大學院爲教育部，所有前大學院一切事宜，均由教育部辦理。
十月二十四日，特任蔣夢麟爲教育部長。
十一月十一日，國民政府公布中央研究院組織法十一條（研究院直隸國府，特任院長一人，總幹事一人，設評議會由院長聘國內專門學者三十人組織之，設物理、化學、工程、地質、天文、氣象、歷史語言、國文學、考古學、心理學、教育、社會科學、動物、植物各研究所）。
范源濂卒（十二月二十三日）

中華民國十八年己巳（一九二九）　五十八歲

七月，先生就任湖南大學校長。
國民政府准于中俄庚款內撥十五萬元予明德中學建築校舍。中學部主任改爲副校長，仍以謝貞繼任（時謝氏任湖南省立第一師範學校校長。）
四月二十六日，國民政府公布教育宗旨及其實施方針。
一月十九日，梁啓超卒于北平。
湖南教育界反對各縣財政局接收教育經費，力爭各縣教育費獨立。
四月，湖南省政府主席何鍵確定湖南大學經常臨時費預算。
湖南教育廳造就十八年度教育經費預算爲三百三十餘萬元。

湖南省各教育機關及各學校厲行會計獨立，會計主任由教廳直接委任，再經各機關學校組織審計委員會，實行經濟公開。

六月十日，湖南全省教育成績展覽開幕，至十四日閉幕，出品約二萬餘件。

七月，教育部籌備全國體育會議，並派褚民誼、袁敦禮、黃振華爲籌備委員。

十月十六日，任命蔡元培爲國立北京大學校長，蔡未到任前，以陳大齊代理。

中華民國十九年庚午（一九三〇）　五十九歲

八月，先生辭卸湖南大學校長。

三月，明德中學代表湖南全省參加華中運動會球賽，獲排球、棒球兩項錦標。

四月，童子軍二小隊赴南京，參加全國童軍總檢閱。

六月一日，胡先生繼配王夫人逝世。

七月二十七日，紅軍攻陷長沙，時值暑假，師生星散，先生決意留長沙，死守學校。

九月，譚董事長延闓逝世，改選張繼繼任。

考試院成立。

注音字母改稱注音符號。

四月九日，國民政府令教育部財政部經決議明年全國運動會在南京開會，以林森、朱培德、何應欽爲籌備委員，經費支付五十萬元。

五月八日，教育部派趙元任、郭有守等爲推行注音符號委員，設立推行注音符號籌備委員會。
七月二十七，共產黨入長沙省城，至八月五日始退出，焚燬省教育廳及中山圖書館、博物館、小學教師檢定委員會，民衆教育委員會、省教育會，拆毀通俗教育館、省立第一師範等校，隨經教育廳決定裁撤中山圖書館、博物館、民衆教育委員會、小學教師檢定委員會，歸廳辦理。
九月二十四日，國立北京大學校長蔡元培辭職，任命陳大齊代理校長。
十二月四日，教育部長蔣夢麟辭職，特任高魯爲部長。
任命蔣夢麟爲國立北京大學校長。
十二月六日，教育部新任部長高魯未到任以前，由行政院院長蔣中正兼理部長職務。
湖南中等以上學校軍訓委員會派吳芷邨爲明德學校軍訓主任。十二月三十一日，第一屆全省高中以上學校軍訓大檢閱在協操坪舉行，明德獲得冠軍。

中華民國二十年辛未（一九三一）　六十歲

五月十日，新亞細亞學會在南京考試院舉行成立大會，到會戴傳賢、張繼等二百餘人。
六月十九日，特任李書華署理教育部部長。
湖南教育廳通令各縣頒行整理縣教育局經費辦法，又通令各職業學校頒行整理職業學校辦法。
八月八日，第一屆高等考試揭曉，錄取教育行政人員周邦道等二十四名（全部錄取百名）。
湖南教育廳通令頒發鄉村師範學校課程表。
九月十八日，日本侵占我瀋陽及遼吉黑各地，東北大學員生逃入關。

十月，國聯教育考察團抵京，考察中大各校，隨即往天津、北平考察，十一月初旬抵杭州考察。

十二月五日，兼湖南教育廳長黃士衡辭職，任命曹典球兼教育廳長。

十二月三十日，教育部長李書華辭職，特任朱家驊爲教育部長。

十二月中旬，國聯教育考察團到上海考察完畢，編輯報告書（查此報告書後由全國經濟委員會印書，于二十一年十二月，由國立編譯館譯成中文——中國教育之改進）。

中華民國二十一年壬申（一九三二）　六十一歲

夏五月，明德購置擴音機、收音機各一具。

七月，新築樂誠堂落成。

蔣中正就軍事委員會委員長職。

十一月七日，蔣委員長來明德參觀，並檢閱軍訓及童子軍，書贈「止於至善」橫匾。

一月二十二日，教育部編發全國公私立中等學校校名及分布概況一覽表。

教育部編印全國高等教育統計一冊，統計十七年度大學本科生一七，七九二人，經費一七、五一八、二六二元。十八年度二一、三三〇人，經費二三、八五九、四一五元。十九年度二六、三〇九人。

二月，教育部派司長顧樹森等二十一人，負責辦理糾正日本對我國教育反宣傳，著編審處編訂日本侵華排外之教材及言論。

四月二十一日，教育部向行政院提議設立國立編譯館，擬具規程預算，並請簡任辛樹幟爲館長，經于次日行政會議通過。

四月，教育部編印十八年度全國初等教育概況，計全國入學兒童數八、八八二、〇七七人，校數二一二、三八五所，經費歲出六四、七二一、〇二五元（經費只二十八省，隨于六月六日令發各省市）。

八月三十日，教育部轉令國立編譯館編輯匪區小學特種讀本（後于本年十二月編竣呈部）。

十月二十八日，調教育部長朱家驊任交通部長，特任翁文灝爲教育部長。

十一月二十九日，教育部長翁文灝不就職，仍由朱家驊兼理部務。

十一月十九日，教育部令國立編譯館遵照正式公布課程標準審查中小學教科書，其未審各書令送還特發各書局重編送審。

中華民國二十二年癸酉（一九三三）　六十二歲

明德校慶，原爲三月二十九日，因是日國民政府定爲革命先烈紀念日，故改四月一日爲校慶。本年爲明德成立三十周年紀念，是日開會慶祝，黨政長官及校友來賓蒞會者甚爲踴躍，頗極一時之盛。

十二月二十日，教育廳長朱經農微服夜巡各校，結果刊載報端，謂自修管理認眞，男校推明德爲首。

明德董事談荔森卒，改選葉景葵繼任。

一月二十一日，教育部派蔣復璁爲國立圖書館籌備委員，籌設國立中央圖書館。

一月底，中國教育學會在上海舉行第一屆年會，到各地會員百餘人，選舉劉廷芳等十五人爲理事。

四月二十一日，特任王世杰爲教育部長。

五月二十四日，教育部據湖南江蘇等教育廳呈請變通小學會考辦法，准予視地方情形，不舉行會考。

六月六日，湖南省體育委員會在教育廳成立。

七月，湖南教育廳通令各三等縣政府，關于教育局暫不歸併改科，一律仍舊設立教育局。

八月，湖南國民軍事訓練委員會組織成立，並接收前湖南省中上學校軍事訓練委員會文卷，開始辦公。

十月十四日，全國體育協進會在勵志社宴請各省市代表，並舉行會議，修改會章，選舉王正廷、張伯苓、褚民誼、袁敦禮、沈嗣良、郝更生、高梓、吳蘊瑞、馬約翰九人為新董事。

中華民國二十三年甲戌（一九三四）　六十三歲

林森連任國府主席。

全國經濟委員會成立農村復興委員會。

新生活運動綱要公布。

三月，天津大公報總經理胡政之至明德參觀，四月十八日在該報發表「湘省之教育」一文，謂「明德與南開，不啻南北並立之兩大學府，依余觀察，明德管理之嚴格，功課之認眞，似在南開之上。……
…」

除夕，胡先生與明德教職員敍餐同樂，白髮蒼蒼，周旋其間，興趣盎然。

中華民國二十四年乙亥（一九三五）　六十四歲

湖南國民軍事訓練委員會舉辦高中學生集中軍訓，為期六月，本年第一屆，主持人何浩若，地點在長沙協操坪，明德高中第十一班學生參加。
明德董事史鑑、袁家普病逝，改選余籍傳、周安漢繼任。

中華民國二十五年丙子（一九三六）　六十五歲

明德初中第十五班學生謝燕生，代表我國童子軍赴荷蘭，參加全世界童軍大露營。
湖南國民軍事訓練委員會在協操坪舉行第二屆集中軍訓，明德高中第十二班、第十三班、第十四班學生參加。
明德董事葉景葵辭職，改選謝眞繼任；易培基、方鼎英久不到會，改選陳潤霖、方克剛繼任。

中華民國二十六年丁丑（一九三七）　六十六歲

先生募集健身房基金，奉准于中英庚款內撥現洋二萬二千元。
湖南國民軍事訓練委員會在協操坪舉行第三屆集中軍訓，明德高中第十五班第十六班學生參加。
七七盧溝橋事變爆發。
國民政府遷重慶。
南京淪陷。
冬，明德參加世界童軍大露營代表謝燕生回國，各省回國童軍代表轉學明德者六人。
副校長兼祕書謝眞，以奉令任湖南省黨部委員，不能兼顧校務辭職，由周安漢代理職務。

中華民國二十七年戊寅（一九三八）　六十七歲

特任陳立夫爲教育部長。

三民主義青年團成立。

明德成立三民主義青年團分團部。

春，明德遷湘鄉霞嶺開學。

代副校長兼祕書周安漢辭職，校長命何經渭爲祕書長，攝行校事，遂廢副校長制。

先生拜臨時參政員之命，飛漢口參加七月六日至十五日舉行之第一屆第一次國民參政會。

後又飛渝，參加十月二十八日至十一月六日在重慶委員長行營舉行之第一屆第二次大會，並提議「改進高中以上學校軍事訓練案」。

十一月十二日夕，長沙大火，明德校舍俱毀，惟樂誠堂獨存。

中華民國二十八年己卯（一九三九）　六十八歲

是年，先生參加兩次參政員會議，一是二月十二至二十一日之第一屆第三次大會，一是九月九日至十八日之第一屆第四次大會。並在第三次大會時提議：「實施中國新教學法，專設全國義務教育督辦處，延聘專家，改編書籍，養成師資，以奠定民族復興基礎案」。

第一次長沙會戰。

中華民國二十九年庚辰（一九四〇）　六十九歲

四月一日至十日，先生參加國民參政會第一屆第五次會議。

三月，何經渭辭職，先生命胡邁、俞勁、何經渭三人爲校務委員，以俞勁代理校長。

五月，先生在渝患腦充血，入中央醫院醫治。

冬，十一月二十四日上午十一時，先生在重慶歌樂山八塊田寓次去世。後于民國三十七年八月，歸葬長沙嶽麓山。

明德學校董事長張繼，遵先生遺囑，命胡邁爲繼任校長。

蔡元培卒。

附錄

一、題黃克強先生遺墨

此冊乃克強先生在美洲與醉六兄手書。憶前清癸卯夏，學校開辦方一學期，倓赴杭約華紫翔兄來湘授英文，在滬遇克強方自日本歸國，因約其來明德共事，欣然允諾。癸卯秋開第一期速成師範班，即由克強主持。邀張溥泉爲歷史教員，吳綬靑、李小原輩皆來湘小住，因爲陳星台代印並發行其所著之猛回頭、警世鐘，長沙府顏鍾驥欲藉此傾覆明德學校，時湘撫趙次山先生雖去職，張筱浦鶴齡、俞壽臣明頤、金仍珠還皆任湘省府要職，共同維護，使事未擴大。克強遂決志革命，辭明德教員職務，實行祕密活動。反對明德學校之巨紳致書湘撫告密，指明倓與克強、道腴三人爲魁，有「速卽拿問分別審訊明正典刑」之語。湘撫將函交臬司，壽臣密告倓，遂與組安、萸溪商，由龍芝丈致書湘撫，力稱克強之賢，倓又於龍宅約克強與筱浦相見，談論極洽。旋赴撫署，言：「方至龍家晤黃某，粹然儒者，職亦可以身家性命保之。」倓大放心，仕校理事。一日下午，克強倉皇挾一手槍至校，見倓言「事又鬧大了」（前爲印書事，長沙縣索克強，亦居校得脫。）同赴龍宅，筱浦呼倓去，言得眞據，發兵拿人，並言頗受湘撫責備。倓從容謂筱浦曰：「諸事我均與聞，君如須升官，吾之血卽可染紅君之頂子（淸一二品官服制），拿我就是。」筱浦以手擊桌曰：「此狗官誰願做！此刻看如何保護他們。」其表同情大出倓之意外。旋與俞綬丞商，由萸溪儘一夕之力將憑據焚毀，俞次晨呼著名緝匪武官楊明遠嚴諭：無證據不許拿人，事遂緩。克強得金封三、李廉方照拂，由龍宅避入黃吉亭牧師聖公會，金仍珠謂倓曰：「上了輪船卽是租界。」倓大悟，時窘極，向張筱浦假三百金，克強、溥泉輩遂坐日清輪船下駛，不久赴東京見孫先生，遂成立同盟會。辛亥革命事起，克強自武漢苦戰力絀來滬，倓見面笑曰：「成功矣！」克強曰：「我敗來，何出此言？」倓曰：「君非軍事學家，敗乃常事，前者君一人革命，故難成功，自黃花崗事出後，全國人心皆趨向革命，自成功矣。」克強託倓向袁丈海觀籌款，倓言：「我不如秉三。」遂介紹熊秉三相見。時組安已督湘，處境極艱，組安出任湘省教育事業，乃倓力勸，聞日在危險，心甚不安。適趙竹老密告以將停戰消息，乃向秉三假五十元作歸計，秉三曰：「盍稍待？克強必藉重。」倓曰：「誰想他栽培？組安是我勸其出來任教育事業，今旣危險，其母兄必不釋然，故決志回湘。如組安死，卽同死，不負此良友。」克強與組安皆寬厚有大度，觀此書札可見一斑矣。

華北停戰後樂誠老人胡元倓書

二、慈衛先生五十壽言

民國十七年時憲歷十二月十四日，　慈衛先生登壽五十，於是　先生當國重任二十有餘年矣。始，光緒癸卯元倓歸自東京，與攸龍硯僊萸溪兄弟刱設學堂，得芝生三丈提挈，賴以有成。英彥雲從，氣象甚偉。　先生蒞學校參觀，顧語元倓：「吾昔意輕學校，今見明德規模，吾誠服子。」元倓初議設學，本以師效日本慶應自詭，實內憂同志之孤，勴助之無人，聞先生言，感慶交至。因請主辦此學校，先生欣然許諾，立界千金，自是明德始議擴充。人或疑譚氏舊家，慮有撓者，元倓以陳， 先生笑言：「吾幸者母子同心，吾出贊教育，實秉吾母李太夫人命。」故 先生與元倓書自署慈衞生，元倓亦用以號 先生。繼是明德事 先生皆與聞，凡分立經正中學，黃公克強教授，及護之亡命，胥其計慮。 先生既居長沙，元倓終年奔走於外，丁未之冬，校用奇絀，元倓計無復之，自滬書抵 先生，告將以身殉學， 先生與黃公澤生定議，亟召倓歸。洎元倓己酉返校，與設內部維持會， 先生遂綰校財，訖辛亥革命爲都督乃已。而此三年中，明德次第興建校舍，殫費至國幣十萬，自院司及銀行假三萬數千外，他皆仰 先生舉債，致受重困，累負至今焉。然 先生四督湘軍，未嘗以此債融銷官金，元倓亦不敢用以上請。蓋吾二人平昔交厲，義不許糜公振私，固如是也。歐戰事興，袁氏移國， 先生自青島旅滬，與唐少川輩謀踣帝制，寓書元倓，謂：「我等惟君爲有事業，吾近益感國人失教，明德責重，君宜加勉。」元倓敬承此言，罔敢自逸。今距 先生見勗時又十餘年矣。先生位業益高，而明德獲公私補助僅能自存。傳曰：美成在久，詩稱壽考作人，斯學之興，垂三十年，肇基宏鉅，經遠匪易。今 先生精力雖無殊前時，而元倓齒益加長，須髮皤然，已成老翁。爲明德計長久，尤非 先生莫屬。用述締構始末，書壽 先生，亦以幸明德也。

胡元倓撰並書

三、耐菴言志三集自序

昔東坡論辭達，在能使了然於心者，了然於手與口。黃公度亦云：「我手寫我口。」余嘗服膺斯言。平生所為詩，殆無一語虛設。先後已成兩集，今復裒集甲子以後數年所作為一卷。此數年間，學校得政府倡導撥俄款十五萬金，供新建校舍之用；復自十七年春，月助二千金。校事賴以進展，私衷差足自慰。而余身經歷之苦，則有極人世之恒慘者：既遘安仁悼亡之戚，幾罹子雲投閣之禍，重以良友徂逝，邊患日深，三十年前，以教育救國之志，未得少酬，而國步迍邅於玆為極。往歲畏公棄國前數日來書，以「死不難不死難」六字相勉，及今追念，殊切人亡國瘁之痛。而保種圖存，後死者責益艱鉅，不知藐躬熱血尚堪更磨十年否也（昔年曾語克強，養成中等社會，實立國之本圖，惟其事穩而難為，公倡革命乃流血之舉，我為此事，則磨血之人也。二集自序，曾有自問精力尚足支十年之語，今年余已六十，然自問志氣，則仍與二十年前如一也。）然身苟幸存，敢忘死友？國猶未破，事尚可為。爰述吾志，為斯卷序。且以質世之知我愛我者，願有以策勵之，亦仍前二集之志也。

樂誠老人胡元倓

四、漢口明德大學年刊序

譚延闓

民國七八年之交，北軍據長沙，蹂躪教育不遺餘力。學子憤而罷課，岌岌不可終日。而胡君子靖獨能設明德大學於漢上，來書相告曰：「是可躋漢鎮為東方之芝加哥，而以明德為之權輿焉！」又曰：「民生彫敝，非從經濟解決，不足圖存。故先設經濟商業科，而次以政治文學，以求備國家之用，而臻文治之盛。」延闓聞而偉之。頻年子靖往來海上，每相見，必告曰：「某銀行捐若干金，而大學之危者安；某公司捐若干金，而大學之困者解。」又曰：「某班畢業生某，服務某銀行某公司，皆稱職。」既而曰：「大學之危困猶未已，而教育之功效猶未著也，將何以竟吾志！」延闓曰：「明德有史之學校也。國人先後佽助者不勝書，畢業生散處國中者不勝計，方謀開二十年紀念於明春，以一表曝其辛苦所得者於當世，而大學適先期而成，今縱危困，而海內外賢達之士正多，其援手相助者正未有窮，則他日人才輩出，盡力於國家之日，亦正無限也！復何憂哉？」夫日月運行不見其迹，眞誠所至，可以通鬼神而開金石，是則同人之職志也！今校中教職員有年刊之刻，因述其習聞於胡君與私心所禱祝者於此。

中華民國十一年六月十六日譚延闓序

五、黃興與明德學堂

黃一歐

談到先君與明德學堂的關係，先要把胡元倓創辦明德學堂的經過，簡單叙述一下。

胡元倓，號子靖，晚署樂誠老人，湖南湘潭縣人，生于一八七二年（淸同治十一年壬申），比先君大兩歲。他少承家學，由附生選光緒丁酉科拔貢。一九〇二年（光緒二十八年），湖南巡撫兪廉三選送留日官費學生，胡子靖與陳潤霖、仇毅、劉佐楫、顏習藿、李致楨、兪誥慶、兪蕃同等同時被選赴日留學。到日本後，進了東京弘文學院（日本著名教育家嘉納治五郎專爲中國留學生所設）速成師範班。

胡子靖在日本留學時，慕福澤諭吉之創立慶應義塾（後改慶應大學，以財政經濟著名），造就大批人才，便立志回國創辦學校，從事教育救國。同年冬，胡子靖學成歸國，首先在江蘇泰興縣會見了龍璋（研仙），與談興學之計，龍卽極力贊同。回到長沙後，又得到龍璋之弟龍紱瑞的支持，由龍氏兄弟各出洋一千元作開辦費，命名爲明德學堂，賃湘春街左文襄祠爲校舍，自任監督，招中學兩班，于一九〇三年（光緒二十九年）三月二十九日（農曆三月初一）正式開學。湖南之有私立學校，自明德學堂始。其時科舉尚未廢除，胡子靖以一個窮拔貢辦起洋學堂，一般劣紳迂儒，公開反對甚烈。於是，他找到龍璋的父親，在籍刑部侍郞龍湛霖，出面擔任學堂總理，借龍的官紳地位以避謗。這年夏天，譚延闓來校參觀，捐了一千元，另年助英文教員薪金一千元。胡子靖有了這筆辦學資本，特地赴杭州聘華紫翔教英文，並加招中學一班，又成立了師範班。隨後，賃西園龍宅西側房屋爲校舍，別立經正學堂。經正與明德，其實是兩塊牌子，一套人馬。

胡子靖是在弘文學院和先君認識的。當他初入弘文時，先君已先在該院師範班肄業，以同鄉關係，彼此過從密切。一九〇三年夏天，他往杭州聘英文教員，經過上海時，碰見先君方從日本回國，因此，堅約先君來明德共事。先君當面應允了，不久就回到了湖南，主持新成立的明德學堂師範班（後來又擔任學監，卽教務主任）。師範班第一期有學生陳嘉佑、彭國鈞、任紹選等一百一十八人，分爲兩班上課，于一九〇四年五月卒業。當時明德學堂聘請的教員中，許多人是富有革命思想的，如張繼（溥泉）教歷史，周震鱗（道腴）教地理，蘇玄瑛（曼殊）教國文。先君兼任歷史及體操教員；在其他教員缺課時，文科方面的課程，一般都是由他代課的。張平子是經正學堂第一班學生，據他回憶，先君在上歷史課時，向他們解釋民權二字，不引盧梭、孟德斯鳩之言，而問他們讀過「孟子」沒有？孟子說的「民爲貴，社稷次之，君爲輕」，就是民權思想，由此可見，民權思想在中國古已有之，並不是從外國搬進來的東西。

明德創辦後的第二年春天，胡子靖向當時的上海道湘潭袁樹勛，屈膝募得一萬元，卽以此款在上海購置理化儀器及博物標本，聘日本人掘井覺太郎爲理化教員，永江正直爲博物教員。儀器和標本都買來了，教員也請到了，只須找一位懂日語的助教卽可開課。恰好陳介（蔗青）在弘文學院普通科畢業，請假回國省親，道出長沙，先君與胡子靖就留他在明德學堂擔任助教。

一九〇四年（光緒三十年）秋，明德學堂賃西園周氏花園爲校舍，開辦高等小學，教員都由中學分任，而以陳介兼主任。明德辦了小學，先君在日本求學時的活動情況，我未親見親聞，全然不知道。待到他在明德任教，我跟在身邊，許多事實對我說來是記憶猶新的。先君當時已經剪辮，在學堂裡多穿操衣（一種對襟短裝的體操服，夏白、秋藍、冬黑色），天氣酷熱時，常光着赤膊坐在塘邊樹蔭下看書，出門時衣着也很隨便。他在回國不久，就團結同志醞釀成立一個革命的團體，並大量翻印鄒容所著的「革命軍」、陳天華所著的「猛回頭」、「警世鐘」等書籍，散布到軍商各界，擴大反淸宣傳。一九〇三年十一月四日（農曆九月十六），先君三十初度，朋友們在保甲局巷彭希明（淵恂）家備了兩桌酒菜，到周震鱗、陳天華、張繼、宋教仁、譚人鳳、蘇玄瑛、柳聘農、秦效魯、陸鴻逵等二十多人。在這次借祝壽名義擧行的祕密會議上，決定成立華興會，從事反淸革命運動；對外用辦礦名義，取名華興公司，發行華興票。

華興會與明德學堂有密切的關係，它的主要成員中，有的是明德的教職員，如先君與周震鱗、張繼、蘇玄瑛、秦效魯、陸鴻逵、易宗夔等；有的是明德和經正的學生，如柳繼忠、陳嘉佑、蕭翼鯤、胡瑛（後來墮落爲國民黨的叛徒，與楊度等人組織籌安會，擁袁世凱稱帝）等。也有本人不在明德，而與明德有密切關係的，如仇亮（湘陰人，後在日本士官學校畢業，辛亥參加山西起義有功，南京臨時政府成立，先君長陸軍部，任以軍衡司長）係明德教員仇道南的兒子；或者當時不在明德，而後來與明德發生關係的，如章士釗曾任明德大學校長。此外，在明德的教職員中，有些雖未參加華興會，而對革命運動深表同情或實際投入革命活動的，如陳鳳光、李步青、陳介、王正廷（辛亥革命後任參議院副議長）、覃天佑、楊德鄰（一九一三年任湖南財政司司長時，被湯薌銘殺害）、陸鴻第、陸鴻賓等。胡子靖本人也沒有加入華興會，他對這個革命團體却出了不少氣力。

華興會成立後，運動新軍、會黨，組織起義活動，在在需款，先君爲此出賣了在長沙東鄉涼塘的祖遺田產近三百石（最初賣與張姓地主，後由張家轉賣與王先謙）。張斗樞在南陽街經營圖書儀器印刷業務，先後捐助達萬餘元。彭淵恂、柳聘農、陸鴻逵等也提供了一部分經費。陸鴻逵當時是明德學堂的國文教員，因批改學生文卷，語意激烈，劉佐楫唆使教員單某持向巡撫告密，謂明德學生昌言革命。舊紳又落井下石，從而謀害之，學堂陷于危境。因得趙爾巽的維護，事未擴大。這次事件的發生，實質上是革命黨人與封建劣紳之間的鬥爭。劉佐楫當時投拜于王先謙門下，與胡子靖意見不合，同周震鱗交惡更深，周、陸同屬華興會員，胡是同情華興會活動的，劉就借機會興風作浪，唆使人家向官方告密。

從這裡看出，當時的明德學堂，是湖南新舊勢力互相交鋒的場所。一方面，有一批革命黨人在這裏鼓吹革命思想，隱爲革命中心；另一方面，又是立憲派分子活動地方。胡子靖延攬人才是兼容並蓄的。他既邀了先君與張繼、周震麟、蘇玄瑛、秦效魯、陸鴻逵等來校共事，並盡其力所及，多方掩護他們的活動；又聘請譚延闓繼龍湛霖爲總理，黃忠浩也掛了校董名義，並有所捐助；湖南立憲派的重要分子如粟戡時、廖名縉、劉佐楫、曹典球等都先後擔任過明德的教職員。他晚年常說：「我于死友中，最不忘者二人，一曰黃克強，二曰譚組安。」

此外，胡子靖通過龍氏父子的斡旋，和清廷官方也保持了一定的關係。如請當時的湖南巡撫趙爾巽來校參觀，和兵備處總辦俞明頤，學務處總辦張鶴齡等也有交往。這樣，胡子靖利用官紳權勢以維持明德學堂，利用學堂以掩護革命黨人的活動，而基本的態度是傾向于革命的。

先君在明德學堂教課，給他從事革命活動以很多的便利。如一九〇四年先君與劉揆一、馬福益等商議，謀于十一月十六日（農曆十月初十日）西太后七十生辰，全省文武官員在皇殿行禮時，預置炸彈于拜墊下以炸斃之，乘機占領長沙，作爲根據地。這次準備起義用的炸彈，就是在掘井覺太郎的指導下，在明德學堂理化實驗室祕密製造的。先君當時任明德學堂學監，和掘井覺太郎很接近（癸丑討袁失敗後，先君亡命日本，掘井關懷舊友，特意騰出他在東京市郊巢鴨目白的房子給先君住），時常出入實驗室。人以其感興趣，且主管教務，故不疑有他。後來這次起義事洩失敗，當差役來拘捕先君時，他由明德學堂內西側一小門溜出，躲到西園龍宅，得龍氏父子的掩護，匿居吉祥巷聖公會黃吉亭會長處，然後脫險往上海。臨走前缺少旅費，胡子靖向張鶴齡處借到三百元送與先君，才趁日清公司輪船離開長沙。

一九一一年廣州三二九之役以後，我由香港到東京。這年夏天，我化名黃祖光，同劉大輝、劉沉、陳嘉立、陳嘉任、羅應坤（廣東人）、陳模、石磊（均湖北人）等人由東京回到長沙，集體住在明德學堂，我們一面和在長沙活動的同盟會員譚心休、曾伯興、唐蟒等人取得聯繫；對外則宣傳成立野球會（野球一名棒球，起源美國，當時在日本風行一時），招收青年學生學習野球，以增強體質，實則借機會團結同志，並因學擲野球而練會擲炸彈，以爲他日舉事之準備。當時正值暑假期中，學生多已返鄉，但參加的仍然不少，其中以明德學生居多數。記得練習不到一個月，有人向官方告密，端方由湖北來電通緝（唐蟒列第一名，我列第二名），幸得陳樹藩（陳嘉任之父，時任諮議局副議長）暗通消息，我們才匆忙離開長沙，仍回日本去了。

一九一一年十月，武昌首義，胡子靖由日本回國（任留日學生監督），謀擴充明德學校。他到上海時，會與先君會面，據我所知，南京臨時政府醞釀成立時，先君原準備推荐胡子靖出任教育總長，後以胡不願做官，決志回來主持明德學校，遂作罷論。

胡子靖辦明德學校幾十年，畢生精力，盡瘁于是。除了因范源濂的再三敦促，做過幾個月的留日學生監督外，從未擔任過其他官職。他每對明德學生演說，常說：「克強先生在日，我對他說，流血革命險而易，磨血革命穩而難，公倡革命，乃流血事業，我辦教育，是磨血之人。」（他在晚年刻過一顆圖章，曰「磨血人」，即取教育磨血之意。）

一九一二年夏天，胡子靖去北京，行前有信給先君，商議擴充明德學校，籌辦大學。當由先君領銜，呈准北京教育部設立明德大學于漢口，並領得補助費八萬元。後以武漢地區兵燹之後，元氣未復，而北京人才薈萃，容易聘請教授，就于第二年春改設明德大學于北京，賃乾麪胡同房屋爲校舍，設商科及政治經濟科，聘章士釗爲校長，是爲明德有大學之始。

先君以一九〇四年十月由明德出走，一九一二年十月自上海回湘省親，會往西園龍宅叩訪，並到明德學校訪問，當時全體師生舉行了盛大的歡迎會。這次訪問，是先君出走八年後的第一次回到明德，也是最後的一次。

（見左舜生著黃興評傳附錄）

六、明德學校在中國教育史中之地位

王鳳喈

民國四十四年四月一日為湖南私立明德學校成立五十二週年紀念日，在台校友，思有以為明德壽。余於民九服務明德，自後三十年中經常保持接觸，關係既深，不可以無一言。謹按明德學校為湖南教育界先進胡元倓先生所創辦。胡先生於清光緒二十八年壬寅赴日，肄業宏文師範學院，慕福澤諭吉之為人，依慶應義塾之成規，於光緒二十九年癸卯歸國，創設明德學校於長沙，先辦中學，次設速成師範與小學，又次設專門部與大學。光緒三十四年設高等商業學堂於南京，宣統三年設銀行專修科等於長沙。大學於民二至民五設北京，民八至十五設漢口。宣統二年速成師範停辦，民九小學停辦，民十五大學停辦，專門部結束，而中學巍然獨存（註一）。

民德學校各部門設置之先後，與夫停辦續辦之決定，均與清末民初新學制之演進與發展情形有關（註二）。中國之有新學制始自壬寅，壬寅學制未及施行，而有癸卯學制，前者謂之欽定章程，後者謂之奏定章程。新學制公布以前，已有新式學校之設立。自同治元年（西元一八六二）至光緒二十年（一八九四）少數新式學校，均為應付特殊需要而設，大要可分為三類：一為外國語文之類，二為實業之類，三為軍事之類。各類學校單獨設立，既無預備學校，彼此又乏聯繫，均收效甚微。自光緒二十一年（一八九五）至二十八年（一九〇二）新式學校之設立、課程組織、分級分等，已有較佳之系統，實具學制之雛形。最早者爲天津中西學堂，於光緒二十一年由盛宣懷稟請王文韶奏准設立，內分頭二兩等；頭等係專門性質，四年畢業；二等係中學性質，亦爲四年畢業。次爲上海南洋公學，於光緒二十三年亦由盛宣懷奏請設立，分四院：一曰師範院，相當於師範學校，爲預備小學師資而設；二曰外院，相當於附屬小學；三曰中院，相當於中學；四曰上院，相當於專門學校；中院上院均四年畢業。又次爲京師大學，於光緒二十四年設立，章程由梁啓超草擬，要點有三：第一，京師大學不但爲施行學校教育之機關，同時亦爲全國之最高教育行政機關，各省學堂皆歸大學堂統轄；第二，明定大學、中學、小學三級制；第三，明定「中學爲體，西學爲用」之基本原則。

明德學校之設置，較之南洋公學遲六年。其規制受壬寅癸卯學制之影響少，受南洋公學之影響多。壬寅癸卯學制由張百熙等所擬訂，大體係參照日本學制，分段太多，在學時間太久，又毫無實際經驗爲背景，與當時社會文化實際情形亦不相合。故兩種學制僅係一種法規，並未完全付諸實行。南洋公學以一校而備初、中、高三級，彼此互相連接，招生較便，亦能與社會實際情形配合，故對當時之影響較大。明德之規制大體即倣照南洋，亦有中學、小學、師範、專門各部門。

明德校史謂「湘省之有私立學校自明德始」。謹按明德以前，尚有湖南時務學堂，設於光緒二十三年，由王先謙主辦，梁啓超主講，課程分普通、專門兩種，普通課程人人必學，入學之初六個月習之；六個月以後乃治專門學。文字除習漢文外，兼習各國語言文字，三四年後，便可咨送京師大學或外國大學，入學年齡限十四歲至二十歲，顯係專門學校性質。其設立雖較明德早六年，然設立之後不久即停辦。其規制係由書院改變，尚非完全新式學校，似不能與明德相比也。

明德學校對於中國教育之貢獻有四：

其一：從實驗中樹立中國學制。中國學制分初、中、高三級，而明德實兼而有之。胡先生認中學爲教育之中堅，故先辦中學；但中學學生取之小學，當時新式小學甚少，故不得不辦小學；而小學必須有新式師資，故不得不辦速成師範；又爲培植專門人材不得不辦專科及大學。其後公立師範學校增設，速成師範便結束。公立小學增設，中學生不患無來源，明德小學便結束。至大學及專門部之結束則限於私校財力之不足，非因社會無此需要也。

其二：從實驗中樹立私立學校之規制。中國各省之私立學校，尤其是私立中學以湖南爲最多。歷史悠久之私立學校各有其傳統作風與夫穩定之人事制度，計畫一貫，前後連接，不受政治影響，無朝令夕改之虞，故能有良好之風氣，優異之成績，而明德實爲之倡。又湘省政府對優良之私立學校歲給補助費，最多者約爲公立學校經費二分之一。此種政策，肇始於譚延闓主湘之時，譚爲明德創辦人之一，當係受明德精神之感召也。

其三：革命教育之提倡。胡先生之興學原爲救國，救國必須從政治改革與社會改革入手。胡先生本人決心從事教育，不參加政治活動，但其所倡導者係革命教育，朋友之從事革命者則盡力予以掩護。明德設校之初，教職員中若黃興、張繼、周震麟、王正廷等皆民黨首要，直接參加革命者。甲辰年黃興陰集校中同志，謀於西太后誕辰在長沙大舉，顚覆湘政府，事洩，得間關出險，先生維護之力也。先生創辦明德後，同年又創辦經正，性質與明德同，蓋恐明德因政治關係被查封，有經正則可以救濟也。民元革命成功，經正乃與明德合併。

其四：中西文化之會通。清末新教育倡導之人若張之洞、張百熙、梁啓超等均以「中學爲體，西學爲用」爲基本精神。何謂「體」？何謂「用」？中學是否有「體」無「用」？西學是否有「用」無「體」？一經分析，實難自圓其說。先生之論教育，不言「中體西用」，倡言「中西會通」。先生之恆言，爲「融異爲同，化小爲大；求同乎理，不異於人」。此即中西文化同此一理，可以融會貫通之意。亦即陸象山所謂「東海有聖人出焉，此心同，此理同；西洋有聖人出焉，此心同，此理同；千百世之上有聖人出焉，此心同，此理同：千百世之下，有聖人出焉，此心同，此理同。」之意。

明德校旗，係校友劉永濟所擬製，其圖案及說明經先生親自核定，更充分發揚中西文化會通之理。說明云：「校旗四分，一爲赤色，四分三爲藍色；加校徽於赤色之中央，爲唐卷與西書交疊之形，唐卷則黃細朱帶，西書則綠表金側以爲之飾。旗色取赤藍者，一以表文明赫䩞之象，一以旌堅苦眞誠之德也。於古代取唐卷，於近世取西書者，唐代爲東方文化成就之時，近世又西方文化光華之日也。而交互相疊之形，則有融會貫通之義焉。」

明德之教育以中西文化之會通爲目標，而欲達到此目標，則必須本堅苦眞誠之校訓，努力邁進。今者神州陸沈，明德師生正在匪共壓迫之下，度其不自由生活。發揚明德精神，恢復神州，維護自由民主文化，固全體校友之責也。謹以此爲明德壽。

註一：見錢无咎著—明德校史　民國三十七年出版

註二：見王鳳喈著—中國教育史　民國四十三年正中書局出版

七、艱難締造中的明德

胡　邁

明德學校自成立至今，已有四十四周年了！回溯這四十四年來的史實，幾無日不在艱難困苦之中，可以概括一句話說，明德是在憂患中成長的！我們辦學校的人，在學校成立紀念日，一面想到過去的艱危，業已僥倖度過；一面覺得現在的困難，尙待設法解除；一面認爲將來的發展，需要大家共同努力：誠然是一則以喜，一則以懼。同時我們覺得教育是社會事業，我們應該把我們的艱苦，公諸社會，求得同情，求得援助。我們更深刻的感覺，我們少數辦學的人，力量有限，成就自然也有限。想到明德是全體校友搖籃，必爲全體校友所愛護，維持現狀乃至光大，將來這個重大責任，要請全體校友來共同負擔，因此我願趁此機會，把明德艱難締造的經過，向大家作一簡單的說明。

㈠ 從癸卯成立至辛亥革命

明德的歷史，可分四期來說：

第一期：從癸卯成立至辛亥革命止，這是創造時期。先校長胡元倓先生於前淸光緒二十八年留學日本弘文師範學院，察知日本維新之功，原於教育。而福澤諭吉創辦慶應義塾，殫精竭慮，終身不參與政治，尤為先生所服膺；因決志以教育救國培養中級社會人才復興民族為己任。翌年回國，與龍研仙萸溪兄弟謀設學校於長沙，得龍芝生先生出名領導，創立本校。旋請譚組安先生加入為發起人，並約黃克強、張溥泉、周道腴、王正廷諸先生，分擔職教責任；鼓吹民族思想，隱為革命中心。遂遭舊黨嫉視，清廷猜忌，學校時在動盪之中。於是另創經正中校，附設速成師範班，藉以培養師資，並樹立第二基礎。光緒廿九年八月，黃克強先生在長沙起義，事洩走本校，先校長與龍萸溪先生多方掩護，得免於難。此時中學師資供不應求，地方小學未興，投考學生多苦程度不合，故又於中學之外，增設理化選科及高初兩等小學。此數年間，校內由譚組安、龍萸溪兩先生負責，先校長則奔走於外，不遑寧處。光緒三十三年先校長謀於上海設立商業專科，為畢業生升學之所，以經費難籌，事將不諧；清督端方夙仰先校長辦學熱誠，聞其事，為特設江南高等商業學堂，收容明德畢業生及上海新招學生，而請先校長主持其事。所以江南高商畢業同學，也都認為本校校友。在這一個時期，先校長一方掩護革命，一方維持學校，真是煞費苦心。這是第一期的特點。

(二) 從民國成立至七七抗戰

第二期：從民國成立至七七抗戰止，這是發展時期。民國元年，以民國成立，明德經正兩校無分設必要，乃將經正併歸明德，分設初小、高小、中學、專門四部。民國二年，設明德大學於北京，分商業、政治經濟兩科。民國三年，全國私立大學成績展覽會，明德大學列第一。民國四年，袁世凱叛國，兩班學生適於此時畢業，乃暫行結束。民國八年，重設大學部於漢口；至民國十四年，復因經費不足中輟。長沙亦因推廣中學班次，將小學及專科停辦。於是先校長集中全力於明德中學，堅苦支持，始終不變，日事向外籌款。內部事務先後任謝祖堯、俞愼初、何公望諸校友主持，辦理認眞，校譽日隆。民國十七年得國府特准，由教育部每月補助國幣二千元，校困始少紓。九月遵部令成立校董會，請譚延闓、張繼、陳果夫先生等十五人爲校董。民國十八年復得國府批准於俄庚款內撥給十五萬元，建築樂誠堂，自是本校規模粗具。十九年九月，董事長譚延闓先生逝世，改推張溥泉先生繼任。二十一年十一月蔣主席來校參觀，並檢閱學生軍及童子軍，深致贊許，乃親書「止於至善」橫額，以示鼓勵。二十二年四月，經省府會議通過撥給本校獎金八千元。在此期間，就學生成績說，一般均有長足的進步。運動方面：歷年參加省運動會的結果，統計所得冠軍有排球九次，網球八次，棒球五次，足球四次，田徑賽二次，共三十三次優勝；其中在一屆運動會中，得三個以上錦標，而取得全省第一者，計六次。十九年並代表參加華中運動會，獲得排球、棒球兩項大捷。軍訓方面：二十年第一屆全省高中以上學校軍訓大檢閱，本校榮獲冠軍。學業方面：二十一年七月，湖南第一屆中學畢業會考，本校高初中四班參加，全部及格，平均成績列第一。其中學生百分之八十以上，均考入國內著名大學，實爲盛事。故歷次部派省派視學報告與社會輿論——如天津大公報經理胡政之先生參觀結果，均有特殊之好評。惟學校發展既盛，而經費之需要更多，我個人熟知先校長在此時期，籌款亦最辛苦，往往冬殘臘盡，風雪漫天，尙在外面奔走，不得休息。因爲先校長以明德爲生命，抱以身殉學之決心，奔走艱苦，而以學校發展爲安慰，苦而彌甘。

㈢　從七七抗戰至勝利復員

第三期：從七七抗戰起至勝利復員止，這是播遷時期。抗戰前本校日在進步之中，校舍校具，至二十六年七七事變時止，差稱完備。乃以抗戰軍興，學校初遷於湘鄉霞嶺，再遷於衡山曉南港，三遷於安化藍田，校址常逼近火線，一再遭遇敵人之圍困摧殘，本校不懼不變，弦誦如故。其間教師之訪求，學生之維護，校具之保存，固已煞費經營，而經費困難，籌措更難於往日。此一時期，最不幸者，先校長忽於二十九年十一月病逝陪都，校事益困；由本人勉任校外籌款之責，校內由謝祖堯先生主持。學校五次移遷，兩遘激戰，勞苦顛沛，勉維現狀，殆已盡其全力矣。

㈣　自藍田復員長沙

第四期：從三十五年春，學校自藍田遷回長沙至今，這可以說是復興時期。自從抗戰勝利，學校急須遷回長沙復員；而長沙校舍斷壁頹垣，修復不易。賴三十三年募捐所得，與政府復員補助金，於過去一年中，勉將樂誠堂及大寄宿舍修復，共費一億餘元。以收抵支，負債四千餘萬元。現在學生已有八百餘人，將達抗戰前之一倍，而房屋則較未燬前少去三分之二，添建校舍，刻不容緩，建築之需，其數更大。圖謀復興，事誠匪易。惟有效法先校長殉學之精神，益自勉勵：一面力求校內之刷新，認眞辦理，以副社會人士之期望。一面向社會求援，捐集巨款，添建校舍，俾復前規。同時最希望者，願本校校友共負維護母校重任，達到復興學校之目的；使本校四十四年來堅苦奮鬥之成績，日益光大，實所厚幸。

八、明德話舊

陳　介

遠處天南，時在想念與有四十四年關係之長沙明德中學及其創辦人胡故校長子靖先生；忽由郵局遞到明德旬報第三卷第一期，於簡短篇幅中，喜其自河山重光後，重返故居，於斷壁殘垣中尋新生活，各校友精神奮發，不減當年；回思往事，感不自禁！自問明德及胡先生關係，殊非淺薄。世事滄桑，知者無幾！及今不述，後將無聞。隨筆述之，以實旬報篇幅，題為話舊，並以紀念胡先生也。

余識胡先生，遠在清光緒二十八年壬寅秋。時先生由湘政府派在日本東京，習速成師範，已將畢業。余由浙省派往，習普通科，年甫十八，與同在日教育家嘉納治五郎為中國學生所設之弘文學院，以隸湘籍，得與先生及黃厪塢（名軫，後改名興，字克強）、楊晳子（度）諸先生時相過從。先生未久即畢業返國，深感興學必要，於次年與黃先生創立明德、經正兩中學。先生一窮拔貢耳，賴其時湘撫趙次山（爾巽）紳耆龍芝生（湛霖）譚組庵（延闓）諸先生之提倡贊助，假長沙北門左文襄祠及龍氏西園為兩校校址。甲辰春暮，余畢業普通科，因距考大學預科尚有數月，乃乞假回國省親，繞道至湘掃墓，道出長沙，得遇先生及黃先生。值其正至日本聘來理化與博物教員二人，器械先至，擬開辦師範班，學生（胡春藻—庶華、彭全方—國鈞兩先生記均是班學生）亦已招妥，祇待能聘一通日語之助教，即可開學。兩先生以余適至，堅留為助，並允俟暑假後，聘留日之李倜君（儻）先生繼任，余勉允之。迨夏間，余返湘鄉故里完婚，李先生以恐廢學，未果來。某日兩先生訪余於所寓龍宅花廳，苦留一年，余以秋間須返日，不之允。先生於廣衆前，向余長跪，非允不起，謂爲向袁海觀（樹勳，時任上海道）先生募捐，曾一屈膝，今爲請教員再爲之。余感其誠，欣然承諾，但以一年後能由省費派赴西洋，或仍返日本繼續求學爲條件。次日，先生復介見其時提學使張小圃（鶴齡）先生爲證，余以是繼續一年。湘教育界因先生之跪，一時傳爲佳話。萸溪先生時在座，或猶記憶也！

是年（甲辰）陰曆十月，校中發生一事與中國革命史上極有關係者：卽黃克強先生在明德任教務長，常時出入理化實驗室，人以其特感興趣，不疑有他。記十月初三爲星期日，胡黃兩先生同來余與日教員寓所，商改日教員授課時間，語未終，校役來報，協台（等於今之警察局長）率隊數十人來校，欲見黃先生。黃默然，旋自後門出，胡先生亦隨出。後始知十月初十爲西太后七旬壽辰，省中文武官吏，定於是晨在萬壽宮遙祝，黃先生偕其同志製有炸彈數枚，擬預置拜墊下，待時爆發。爲人告密，乃有此擧。黃先生避匿西園龍宅內室中，協台亦知之，於宅後密布巡邏，以龍芝老在省紳中素有正名，爲人所敬重，未敢輕動。數日後圍稍解，始於某日夜半，由聖公會曹亞伯先生（亦老革命家）央兩教士易服出城，乘一小舟至靖港登輪赴漢，遂得出險。此殆爲黃先生實行革命之第一次，惜未獲成，否則黃花崗未能專美於前矣。

是年秋季，胡先生假周氏花園辦一明德小學，分甲乙兩班，教員皆由中學分任，而以余爲主任。甲班中有黃先生長子一歐、陳果夫（時名祖燾）、閻鴻飛（幼甫）諸君，是校在當時長沙頗有名，自余於乙未夏離校後，不知其詳矣。

余一年期滿，胡先生與湘當局均踐約，以湘官費咨送日本，四年後轉學德國，至民元始返國從政，重晤胡先生於前北京。時先生得前度支部飯食銀餘捐助，有在故都設明德大學之舉，記分法律經濟兩門，聘章行嚴（士釗）先生爲校長，余於公餘兼任教科。民四移校漢口，適第一次世界大戰開始，中德絕交，余奉命接收舊德租界，先生以余之介，得假大智門舊禮和洋行堆棧，改作校址，亦逾數年，費竭始罷。自後先生遂專注於長沙明德中學，余亦時以此言進。蓋以留德時，深感其中學教育之嚴格周密，足爲學子立身處世之根本，先生深然其說也。

厥後十餘年，余服官漢口，任銀行業於上海，先生每爲學校經費問題，奔走南北間，時獲晤及，先生必以關於學校大計見商。每屆年終，常爲欠累向銀行界捐款或舉債，必挽余爲先容或擔保，幾同例課。余見先生精力漸疲，勸請稍息，先生雖然其說，而事實上難許。迄長沙馬日事變，余時在滬，有以先生亦同被害告者，驚歎之餘，深慮後繼無人。先生兒女親家陳子壽先生在滬經營羣益書局，乃商其即赴南京，請今校長彥遠先生速返長沙，維持校務。因知同仁中與明德關係最深切，以彥遠先生爲最，聞在乞假起程，旋知惡耗未確而罷。子壽先生旅寗數日，感染時疾，歸滬未幾即病逝，余至今猶惋惜之。子壽先生之死，實爲明德，余爲當日建議者，詳知其事也。

未久先生來滬，相見幾同隔世，迎居吾寓，時相聚談。某夕余語先生曰：公辦明德數十年，一生精力，悉瘁於是，今幸健在，明德之福。然世態如斯，公年已老，於公於私，似宜早謀退休之道，速組健全之校董會，物色校長後繼人物。庶先生倘死，明德仍得不死，並舉南通張季直（謇）先生往事爲鑒。校長一席，無論傳子傳賢，任公自擇。如一時未能決定，公可預立遺囑，余或後死，願爲保存。先生深韙其言，且至涕下，不數日手一遺囑，封固畀余，余置銀行保險櫃中珍藏之。嗣後余赴甯任外交部事，抗戰之始，遷都重慶，民二十七年奉命駐德，均攜以自隨，先生亦時有改定，舊稿仍並存之。余在渝臨行，往辭先生，猶爲提及，先生時已臥病，送余出門，歎曰：戰事終了後，余甚願至德一遊，重與君晤。不期未及兩年，先生已作古人，余在德得校董會主席張溥泉（繼）先生電，索寄遺囑始知之。時歐戰已開始，郵遞恐遺失，特爲攝影數幀，與原本分致彥遠先生轉校董會，此當作校史觀也。

先生之創辦明德，實私儀日本慶應義塾（後改名大學，以經濟財政著名）明治初年創辦人福澤諭吉博士，言必信，行必果，不治私產，不作官吏，孜孜以明德爲務。起居服御，均甚節儉，歲暮遠行，猶僅攜一舊僕，三兩敝篋自隨，伙食亦以二等爲度。胡九丐化之名，幾終其身。桃李徧國中，所至受其歡迎。常假榻人家，不擇食住，樂與人交，而嫉惡如仇，人均敬畏之。民初蔡孑民（元培）范靜生（源廉）先生歷長教育部，尤相推重，嘗勸其主公立學校，則浼避之，僅於清末一任留日學生監督，非其志也。抗戰伊始，政府議設國民參政會，今行政院長張岳軍先生（羣）奉軍事委員會委員長今國府主席　蔣公命，從事組織，網羅賢達，共濟國難，偶與余談湘中人物，余以先生對。先生膺聘後，毅然就之。首屆在漢口開會時，先生甫自漢抵渝，以國事待決，由渝乘飛機赴會。有以先生病血壓高，不宜乘機，阻其行者，先生不之聽也。其待人以誠，視校若家，愛學生如親子弟，樂爲人助，各校友中當能道之。乃勝利未見，遽歸道山，誦陸放翁死去原知萬事空之句，今過樂誠堂前，瞻其遺容，必有欷歔不止者。余與先生爲忘年交，前歲過渝，以未能展諸先生厝所爲憾，不知已歸葬否？茲縷述四十餘年來所知所見於此。憶余在滬時，曾聞教育界談明德學生之投考海上各大學者，國文均優，數學可予免考，爲欣慰不置。科學救國，於今爲亟，校友諸君，緬先賢創業之艱，凜個人責任之重，努力求知，發揚校譽，是所望於羣英矣。

民國三十六年七月九日寄自阿根庭。

九、明德精神

張亞澐

記得我剛到臺灣不久，便趕上了建國中學的入學考試；那天，叔父家來了一位客人——黃植秋先生，他是叔父的舊屬，他說要帶我去報名，因爲我高中的學業還差一個學期未能結束，而建中恰好招收高三下的插班生，於是我便很自然地跟了他去，報名後，一打聽，據說考高三下的有三百多人，心想這下可完了，九成沒有希望被錄取，甚至想到回到家裏找本書來抱抱佛脚都沒有機會，因爲當時從湖南逃難出來，坐的是飛機，爲了輕便，一本書都未能帶來。到了考試當日，也就只好硬着頭皮去勉強對付了。

誰知放榜之日，存個僥倖也去看個究竟，却得到了上天的照顧和祖宗的庇護，竟然是「東坡及第」，取了個第二名，不由得暗地裏倒抽了一口冷氣，眞個是好不僥倖！站在榜前發了一陣子楞以後，旣經證明一切屬實，這才打道回去。在路上，一直想，過去這兩年半的高中課程沒有白念，那就愈想愈感謝曾經培育我兩年有半的母校——湖南私立明德中學。

說實在的，建中所給予我的也眞多，但明德所給予我的却更多，後來能順利地考上臺灣大學，能夠順利地完成學業，能順利地步入教育界，能堂堂正正地做一個人，做一些堂堂正正的事，當然是明德中學培育之所致，且不必說，便是那所曾享受的榮譽，我只要說，我在湖南念的是明德中學，甚至不需要說，在臺灣念的是建國中學，別人便會對我另眼相看，我的心裏更會油然而生無比的快慰和自足，甚至產生自尊自信，遇着天大的難事，也不會有所畏縮。

我的進入明德讀書，是民國三十六年的春季，抗戰勝利後的第二年。這時，明德已從湘西遷回長沙市北門泰安里的舊址，學校內處處是斷瓦殘垣，好像廿七年的長沙大火便是昨日的事，唯一的一棟校舍，四層樓的樂誠堂似乎新修復不久，窗子和門戶都還保持原色，未曾油漆過；給人的第一印象是：這不像一個第一流的學府，應該說它是一個「破落戶」。

有道是：「人不可貌相，海不可斗量。」好不容易才考進這所知名的學府，我怎可以不進去？何況二哥仲澐也正在此求學！這樣，我就成爲了一個明德的學生。

進入明德後，第一件事便是學着做一個「明德人」。我淸楚地記得第一次參加週會，地點是在樂誠堂一樓的右側大廳裏，由代校長胡少瑝先生主持，他講了很多話，包括已故前校長胡子靖先生的生平及志節，包括「明德人」的特色，包括如何進德修業等等。從這個時候開始，我便漸漸地認識了胡故校長子靖先生，在我心靈的深處更漸漸地孕育出我一定要向他學習，我一定要宏揚他的德業的意念。從這個時候開始，我也漸漸地體驗到「明德人」的特色，所謂「堅苦眞誠」者，其於一個人之立身處世是如何地緊要，是如何地放鬆不得！

明德的學生不多，高中六班，初中六班，每班不超過六十人，全校學生不超過八百人，幾乎清一色的三湘子弟，也有外省籍的，但很少，我們班上便只有一位同學是湖北武昌人。全部住校，樂誠堂一樓左側大廳便是我們開飯的所在。這比起今日臺灣的中學，如建中、北一女者，各有學生近萬人，那眞是小巫見大巫，而臺灣的中學生都是走讀，甚至住在木柵的學生有趕公路班車到桃園武陵中學讀書的，那就更有許多不同之處！

老師好像很不少，就以國文老師來說，教我們班的錢无咎先生似乎就祇教了我們一班，沒聽說他還教了別的班，教歷史的老師似乎也有好幾位，與同學在一起的時候十分多，都不怎麼像是「兼任」，如說兼任，那就只有教代數的曹贊華先生和教物理的黃培心先生，據說他們的名氣特別大，同時還在長郡中學和緊鄰的周南女中兼得有課，但他們的工作重點還是在明德，因爲我們常常能在校園裏遇見他們。

在我的印象中，好像我們每一個學生除了繳住宿費、膳食費、書籍費、課本費、體育衛生費及少量的雜費外，都無須繳學費，所以每學期的繳費並不算多。大約是民國三十七年的時候，當時金元劵已經崩潰，幣制大亂，家裏爲了我和二哥的上學，費用無法籌措，最後想出一個法子，那便是租條小船，運了近千斤的白米去長沙賣了，也就解決了問題。私立學校而不向學生徵收學費而不以賺錢爲目的，這實在是古怪而又古怪，簡直令人不可思議！我們這羣學生也眞傻，竟然也從未問起，長沙當時約有五十多個完全中學，最出名的有省立第一中學，有公立的長郡中學，有教會的雅禮中學，有我們私立的明德中學，還有與我們緊鄰的周南女中；長沙人都說我們明德中學是「明德少爺」，稱長郡爲「長郡叫化（乞丐）」，其實，天曉得，我們的繳費與省立一中和長郡是絕對相同的，比起雅禮來，那是絕對要少！學校如何維持呢？那就靠募捐，那就靠校產。我們聽說學校在三汊磯有一大片田地，每年可以收不少的田租，我們更聽說過去胡故校長子靖先生在日，幾乎長年不在校內，總是奔波在外，到各處去募捐，見着有錢的人，便伸手討錢，因爲他排行第九，所以人稱「胡九叫化」，而且大家都說：「人生大不幸，碰到胡子靖。」他募捐所得的錢，涓滴歸之明德。據說有一次，那是遜清末葉的時候，年關到了，學校裏却發不出教員的薪津，子靖先生一想，這怎麼成？於是携着行李鋪蓋住進了湖南巡撫衙門的門房裏，最後硬是逼着巡撫要到了一筆錢帶了回去。現在政大西語系兼課的一位陳老先生，他在大陸上曾經是久大的總經理，他便親口同我說：「我還捐過五千元銀洋給明德。」大家都知道武訓興學的故事，而胡子靖先生和武訓正是一樣的！子靖先生逝世後，出長明德的是胡邁先生，我們也很少見着他，據說他也是長年在外募捐。

若是說到明德教育的特色，那應是德、智、體、羣四育並重，而尤其重視德育。

明德的門禁很嚴，學校四周有一道很高很高的圍牆，只有一個校門可以出入，除了星期六下午和星期日之外，學生一概不許外出，實施軍事管理，起居作息，都有定時。走出校門，必須穿着制服，佩戴齊全，衣領上是明德二字，左胸口袋上還必須佩上符號。校內空間很大，後來經過不斷的整理修葺，環境也漸漸變得十分優美，有兩個大湖，湖邊有不少如簾的柳樹，更有數不盡的野花，湖上總有幾隻鴨子在悠閒地游着，那就更是顯得美景如畫；此外，還有四個籃球場，兩個排球場，一個足球場，到了課餘之暇，你不用想着向校外跑，因爲街上的麻石（長沙的街道大多用麻石舖成）數來數去，既不會增加，也不會減少，至於那一種吵鬧煩囂，更那有這一分寧靜安恬來得好？假如你眞愛熱鬧，那不是嗎？樂誠堂二樓口窗口那架龔德柏先生所送的收音機不正開了，讓我們圍在窗口下去欣賞音樂吧！

古語有謂：「一日之計在於晨」，明德對早晨的利用可以說是最恰當的了，不但如此，便是一週之計之星期一，也能利用得十分恰當。學生必須在六時起床，接着便是漱洗，十分鐘後在操場集合，先是升旗與早操，然後再是精神講話，解散後，早自習。精神講話或由代校長，或由教務主任，或由訓導主任主持，為時甚短，簡明扼要而有具體的內容。星期一頭兩節是週會，講演的題目比較大，內容亦更見豐富，同學們的受益很大。譬如說，辦公室裏掛了兩張條幅，一張是「寧為笨牛，不為狡兔」，一張是「一絲不苟，臨之以莊」，好像都是胡故校長子靖先生的座右銘，還有就是掛在樂誠堂上的校訓「堅苦眞誠」四字，甚至　蔣委員長參觀明德後所親筆題贈的「止於至善」四字，北洋時代教育總長所獎頒的「成德達材」匾額，都是師長們訓誨我們時的題材。事事上，我們也深受感召，我們每一個同學都聽從了詰誡，我們知道了做人的典則，更瞭解了明德的光榮傳統，尤其增強了自我的信心。

有一次講話，最使我難忘：我們已排隊進入飯廳，準備進膳，正在嘰嘰喳喳，忽然哨聲響了，接着便是訓導主任周惠連先生的簡單訓話，他說：「你們知道嗎？這個飯廳的牆壁上過去曾經張貼過一副對聯，那是黃克強先生在本校教書時所寫的，對聯是如何寫的，你們要知道嗎？上聯是『勸諸君努力加餐，每飯莫忘天下事』，下聯是『看先賢斷虀畫粥，立身端在秀才時』。……」你能無動於衷嗎？若非草木鐵石，自必見賢思齊。

這些都不說，便以校慶定在四月一日這事為例，也可概見明德教育之苦心，四月一日於西俗為愚人節，校慶而為愚人節，非玩笑而何？一點也不！這世界聰明人太多了，尤其是自命聰明的人太多了，我們要做愚人，我們要做傻事，正如胡故校長子靖先生所說的：「寧為笨牛，不為狡兔」，正如胡故校長子靖先生對黃克強先生所說的：「你從事革命以救國是流血，我辦教育以救國是磨血。」有官不做，有福不享，非愚而何？非傻而何？

說到明德的智育，當然也絕不馬虎，根據明德校史的記載，明德剛創辦的時候，正是遜清末葉，國內教育尚不發達，理化教員少得有如鳳毛麟角，於是便在日本禮聘了兩位前來，教歷史的是已故黨國元老，曾任國史館長的張溥泉（繼）先生，克強先生以留日習軍事則教體育，如此教員陣營，誰不說聲「要得」？便是我讀明德的時候，也依舊略無遜色，教國文錢无咎先生為湘中國學大師，教數學的管竹君先生及曹贊華先生也皆名重一時，教物理的黃培心先生和教化學的袁鶴皋先生均有著作問世，教歷史的楊憶慈先生對於年代和人名無不倒背如流，教地理的周惠連先生在黑板上隨意一勾，便是一幅印刷出來的地圖，教英文的倪培齡先生，那口漂亮英語，更是琅琅上口，個個是好老師，絕無一個湊數。教學既認眞，考試又嚴格，有舞弊之嫌疑者記大過，舞弊而情節重大的則開除，成績差的留級，過差的則退學，絕不徇私，絕不寬貸。早上有早自修，晚上有晚自習，既由學生自治，也有師長監督，至於惡補，那是當然的沒有！總而言之，一句話：正常的教育。畢業後的升學率如何呢？願意遠行的，可以考入北大、清華，或者中央、政大，否則儘可以進武大和湖大，那就更不必擔心升學率為如何。

說到體育和羣育，明德也很是出色；在長沙的各中學幾乎各有特點，嶽麓中學的籃球，雅禮中學的足球，明德則以排球為校球，有「泰安球王」之譽，芳鄰周南女中的排球也打得十分好，抗戰勝利後，周南代表湖南參加在上海舉行的全運，奪得冠軍而回。若問周南的球如何打得如此好，這道理很簡單，還不是因明德的球隊幾乎每天都去與他們切磋之故。除了排球外，籃球也打得很好，當時長沙的風氣，中學賽球，幾乎場場打架，贏了的驕傲，輸了的不服氣，那就免不了大打出手；但是我們從來不打架，贏了球趕快走，輸了球也不生氣。我們總是隨時提醒自己：「明德人是跟別人不同的，球輸得起，明德的精神輸不起，我們絕不可授人以話柄。」本來嘛，運動的意義重在參加，勝負實在其次，怎可輕重不分，本末倒置？既是一個團體，那就應該愛團體，講求團體的榮譽，每一個明德學生都以「明德人」自命，又隨時都毋忘「明德精神」，這我們就不能不說明德在體、羣方面的教育爲確實成功了。

這些，都是我親身經歷的，或者是我所體驗出來的。

假如有人問：「明德培植了一些如何樣的人才？有着如何樣的具體貢獻？」那我們的答案也是深深令人滿意和欣羨的。

滿清末葉，黃克強先生在湖南組織華興會，密謀革命，明德便是發號施令的大本營，當時明德師生大半參加組織，後來事發，明德幾乎被清廷查封。張溥泉先生也隱身於此，上歷史課時，總是鼓吹革命，對於中華民國的締造，明德中學無疑地是居功厥偉的。這些事在中國國民黨黨史裏有詳細的記載，這是犖犖大者爲大家所熟悉者，不談別的，僅說這一項，其於國家民族之貢獻又豈是微不足道的？

若說明德所培植的人才，卽以爲社會所熟知者爲例，當年黨國重鎭陳果夫先生，到臺灣後仍爲國家提供了卓越貢獻的外交家蔣廷黻先生，現任安全會議秘書長黃少谷先生，前香港時報社長雷嘯岑先生，現任中央日報社長曹聖芬先生，以寫「揚州閒話」而聞名於世的易君左先生，都莫非出身明德，這些，還只不過以服務於政界及新聞界的人爲例罷了，若是說服務在財經、文教、工商企業中，默默地對國家民族，對世界人類提供貢獻而未爲人知者，那就更是不知凡幾了。總之，每一個「明德人」的成就雖不一定如何輝煌，但都在發揚明德精神，則是事實。我們固不必期望每一個人都是聖哲，每一個人都能立德、立功、立言，但我們却期望每一個人都能堂堂正正，提供其貢獻於社會。若果此一看法是正確的，則明德中學不僅是對國家民族，即便是對世界人類，也是深具意義的，也是不朽的。

我誠然以會在明德接受兩年半的教育爲榮。我深深地、由衷地感謝它所曾給予我的噓植；我感謝胡故校長，雖然我進入明德時，先生即已辭世，雨露未克親承，但享受了先生的遺蔭，先生之人格、思想、行爲、言論，固會深印我心，亦且成爲我今日立身處世之準據；我感謝服務於明德的各位師長，給予了我一切，不僅是知識，還有道德，今日的健全體魄，生活在社會中應有的能力。

我誓願繼續做一個「明德人」，我誓願以有生之年去發揚明德精神。

（原載六十年三月二十六日中央副刊）

十、福澤諭吉的母教

純音譯

「上蒼不造人上人，亦不造人下人。」

在階級森嚴的封建社會，在士、農、工、商的身分觀念仍根深蒂固的明治初年，福澤諭吉即以這種「人類生而平等」的民主思想，獻身於國民教育，因而奠定日本近代發展的根基。他在日本被尊稱爲「民主主義之父」，同時亦被譽爲「國民教育的開拓者」，極受日本人民景仰。

諭吉的思想，固然是受到西方學術思想的影響，然而，若探其本源，他的母親在他少年的時代起，即播下「博愛」、「平等」的種子，其敎誨之功，實不容忽視。

誠如諺云：「江山易改，本性難移。」人終其一生亦不易更改他的本性，而這種本性又多半是在他幼年時代就已確定了的。這裏有幾個小故事，正可以證明這一點。

＊

諭吉於江戶末期的天保五年（公元一八三四年）十二月十二日出生於大阪堂島。當時，諭吉的父親在大阪堂島做事。可是，在諭吉一歲半時，他的父親便因病亡故。父親亡故後，他們就不便繼續住在公家的房舍裏了。諭吉是么兒，在他和十歲的長兄之間，還有三個姐姐。他母親不得不帶領五個嗷嗷待哺的幼兒回到豐前中津（今之大分縣，諭吉父親的家鄉）居住。

當時，大阪的語言和習俗都與中津不同；諭吉一家如同搬到外國似的，很少和鄰居來往，過着非常寂寞的生活。然而，爲了五個幼兒，諭吉的母親身兼嚴父、益友，予以嚴格的敎養、溫和的安慰，並細心撫養他們長大。諭吉在後來回憶當年往事時，會這樣說：

「一母五子，沒有朋友，普通的應酬也極少，晨昏所聽到的，祇有母親的話語而已。母親諄諄敎誨我們傳統的家風，『誠心誠意』做人處事的態度，故父親雖不幸病故，亦彷彿活着一般。」

尤其可貴的是他們兄弟姊妹皆能體會母親的苦心，相親相愛，從未吵過一次嘴，更沒有做過一次壞事，這實在應歸功於他們母親的感化力量。

＊

在中津這地方，與諭吉同樣身分低賤的武士，他們的家庭生活都非常淸苦，因此，酒和醬油都得零買。這在現在的觀念來看，幷沒有什麼不妥；可是，在當時却是一件很難爲情的事，尤其是一個很重體面的武士，要他提着窮酸兮兮的小酒壺去買酒，那是非常丟臉的。因此，他們都用毛巾包住頭臉，祇露兩個眼睛，偷偷摸摸地去買酒。可是，諭吉的母親却曉諭她的兒子說：

「一個人祇要行爲正當，認眞工作，貧窮不是恥辱。以貧窮爲恥辱的心，才是最可鄙的。」

因此，諭吉從不用毛巾包頭臉，他毫不在乎地昂頭挺胸，提着小壺去替母親買酒或醬油。

「要做一個堂堂正正的人，就必須要有堂堂正正的態度，要有堂堂正正的態度，就必須要有正正當當的行爲。」

他常常這樣說，也時時勸導別人，並躬親力行，他這種崇高的人格，就是在他母親的生活教育中紮根的。

＊

諭吉的母親，雖出身武士家庭，但她一點也不高傲；對身分較低的農夫、商人，同樣謙恭和藹，即連對待乞丐，也毫不厭煩地照拂他們。

有一天，諭吉望着籬笆外面，忽然面露不悅之色。因爲他與骯髒的女乞丐的視線相遇。那低能的女乞丐，雖然很年輕，臉上却洋溢着慣於巴結人家的神色。她很熟悉地走來，就好像是邁着回自己家裏的步子，跨進諭吉的家門。

這個女乞丐，大家都叫她「智慧」，不知是她的本名，還是人家嘲弄她，給她取的名字。她時常衣衫襤褸，頭髮蓬亂，加上成羣的虱子在她蓬亂的髮叢中蠢動，全身又臭又髒，附近一帶的居民，對她都非常厭煩。

諭吉的母親却是例外。當智慧到他們家來時，諭吉的母親就讓她坐在院子裏，替她捉虱子，臨走還賞她飯團。

「噢，是智慧呀！來，來。」

諭吉的母親這樣一招呼，她就熟悉地自行繞到庭園的草坪上坐下來。

「諭吉！諭吉不在嗎？智慧已經坐在這兒等着哩！」

諭吉對母親這個呼喚最難忍受。可是，又不能不回答母親，於是，回答一聲「來了」，極不情願地走到院子裏來。他不知道母親爲什麼一定要差他來幫着做這個事，他內心裏極端不滿。

母親捲起和服的袖子，繞到智慧的後面，親切地說：

「來得好極了，嗟！我會幫你捉得乾乾淨淨的。」一邊說邊把她那髒亂的頭髮撥開，捉出虱子來。

諭吉是被喚來幫他母親把捉出來的虱子，用小石子打死。

諭吉和母親臉上的表情，正好成了極強烈的對照；母親是親切、慈祥的微笑，諭吉是極端不快的板着臉。既髒又臭，加上心理上的厭惡感，他的內心隨着敲打虱子的次數，愈來愈感到不能忍受。

終於，有一天，他向母親訴說：

「母親，我好惡心，我受不了了。」

母親平靜地微笑着說：

「你這人眞沒有同情心，母親也不會以爲這是好受的事呀！不過，智慧雖然人傻了一點，她却知道沒有虱子比較舒服呢，所以她才會常常跑到我們家來。可是，她自己沒有辦法除虱子呀，那麼，由能夠做的人來替她做，這不是很自然的事嗎？我們都是同樣的人哪，我祇是做一個人所應該做的最普通的事而已。」諭吉的母親溫和而懇切地說給兒子聽。

「你祇要這樣想，心裏就不會那樣難受了。」母親微笑着檢起諭吉脚邊的小石子，想兼代諭吉來做敲打虱子的工作。

驀地，諭吉若有所悟——

「嗯，現在已經沒有什麼了。」說着，便從她母親手裏取回小石子，繼續敲打虱子。

＊

日本有句諺語：「老鷹寧願餓着也不食麥穗」（意謂「義士雖貧亦不取不義之財」）。諭吉的母親就是以這種操守的表現來敎育她的兒子。

諭吉一家自大阪遷回中津時，因修繕房屋等，急需要錢用，諭吉的母親承大家的幫忙，組了一個會（註一）。會款以當時的貨幣單位每股二銖（註二），由若干人組合，將集成的幾兩錢先交由會首使用，次會起，始以抽籤方式決定由誰來使用。可是，其中有一位有錢人家感到很麻煩，他繳出第一次會款後，卽不再參加。因此，當會首的諭吉的母親就多得了二銖錢。諭吉的母親雖感於心不安，奈因當時的經濟境況不佳，沒有能力歸還，於是，一拖便拖過了十年。

到了諭吉家還得起二銖錢的時候，他的母親便叫當時僅有十三四歲的諭吉，拿着二銖錢去還給人家。

「那個錢是我私自毀約而棄權的，事到如今，我怎麼能收這個錢呢？」

話雖這麼說，諭吉却深切瞭解母親的性格與爲人。同時，他又想起臨出門時，母親的叮囑。因此，他纏着有錢人家說：

「無論如何，請您收下。」

「不，不管怎麼說，我也不能收。」

「不，一定得收下。」

宛如是吵架似的，最後，諭吉把錢放下就回去了。

後來，諭吉在東京芝區購買房地興辦學校（卽今慶應大學之前身），當初雖已講好三百五十五兩的價錢，但因斯時官軍與幕府戰事迭起，地價一落千丈，祇要有一百兩或五十兩，賣主都會很樂意把契約送來。然而，諭吉仍照當初的約定，規規矩矩支付三百五十五兩。

這種令人肅然起敬的節操，可以說是完全受了他母親「二銖錢」的感化之功。

※

諭吉青年的時候，美海軍代將伯理（Perey，勸導日人與美國船隻貿易者）親率火輪進入浦賀港。當時日本國內有主張排外者，有主張開闢商港與外國通商者，意見分歧，極爲混亂。這時，諭吉便下定決心要學習外國的進步和長處。於是，到長崎來修習蘭學（由荷蘭傳入日本的西洋學術），然後，又轉入大阪的緒力洪庵學堂拚命用功讀書。

「喂！這次新來叫福澤諭吉的，他究竟什麼時候睡覺啊？」

他正如其他同學所談論的那樣忘寢廢食地鑽研學問。他在短短的三年時間，就贏得了「緒方學堂有個福澤諭吉」的聲譽。

不久，因繼承戶長的長兄病故，他雖暫時回到故鄉當家，但一顆向學的心，却無法抑制。因此，他把自己希望再度前往大阪繼續求學的心意稟告母親。

當時的福澤家，因長兄的疾病以及值勤（註三）中的開支，已累積到四十兩的債務。何況，諭吉若離家出外求學，家裏就祇剩下五十餘歲的老母以及長兄遺留下來的三歲的姪女兩人生活了。然而，諭吉的母親是何等剛強的女性呀！她勉勵兒子說：

「不要爲了我和債務的事而鬱悶在心，爲你將來的前程去研究學問，才是最重要的事。」

諭吉卽將喜愛讀書的亡父的遺物以及一切較值錢的家具雜物變賣，先湊了四十兩淸償債務，然後才重返大阪讀書。

諭吉晚年回憶當時情景，會這樣說：

「我逃避似地上了船。然而，自長兄病故後，所有比較值錢的財物都悉數變賣光了，家裏既沒有錢，也沒有家具。眞是一貧如洗。僅留下年老的母親與年幼的姪女，在從沒有人來訪，一如古廟似的家中生活，卽使是我這樣堅強的人，也不免黯然神傷。」

如果當時諭吉被母親挽留下來的話，情況又另當別論了。當然，這位偉大的先知先覺者福澤諭吉或許對於這個人類社會不會有什麼貢獻吧！而日本文明亦必因而落後也說不定。因爲諭吉在革命軍砲轟江戶市（卽今東京都）最激烈時，亦從不休止敎育年輕人的神聖工作。他一生所敎育出來的無數子弟，後來在日本的政治、經濟各方面都留下了卓越的功績。

正因爲諭吉是被這樣敎養成長的，因此，他對母親的孝心也格外深厚。明治二年（公元一八六九年），儘管有人憎恨他進步的思想而計畫暗殺他，可是他仍不顧危險親自前往中津，把年老的母親和姪女接回東京，終生奉養，這實在不是無因的。

——譯自玉川大學出版部發行「偉人的母親」

註一：係按月存款輪流借用的互助組織。不標會，通常以抽籤方式決定使用先後，與目前我國民間一般的組會稍有不同。

註二：係江戶時代的貨幣名，一銖爲十六分之一兩。

註三：江戶時代的諸侯家臣均須輪班在江戶藩邸値勤。

（原載五九年十一月十七日中央副刊，題名「春暉普照」）

中華史地叢書（近代中國教育史料叢刊）

胡元倓先生傳

作　　者／黃　中　編著（本叢刊由劉真主編）
主　　編／劉郁君
美術編輯／鍾　玟

出 版 者／中華書局
發 行 人／張敏君
副總經理／陳又齊
行銷經理／王新君
地　　址／11494 臺北市內湖區舊宗路二段181巷8號5樓
客服專線／02-8797-8396　　傳　　真／02-8797-8909
網　　址／www.chunghwabook.com.tw
匯款帳號／兆豐國際商業銀行　東內湖分行
067-09-036932　中華書局股份有限公司

法律顧問／安侯法律事務所
製版印刷／百通科技股份有限公司　海瑞印刷品有限公司
出版日期／2018年3月再版
版本備註／據1971年8月初版復刻重製
定　　價／NTD 200

國家圖書館出版品預行編目（CIP）資料

胡元倓先生傳 / 黃中編著.-- 再版. -- 臺北市
: 中華書局, 2018.03
面； 公分.--(中華史地叢書)(近代中國
教育史料叢刊)
ISBN 978-957-8595-17-0(平裝)

1.胡元倓 2.傳記
782.885　　106024771

NO.G2026
ISBN 978-957-8595-17-0（平裝）